Joachim Bloos · Marketing

Joachim Bloos

Marketing

Vierte Auflage

VOGEL Buchverlag Würzburg

CIP-Titelaufnahme der Deutschen Bibliothek

Bloos, Joachim:
Marketing/Joachim Bloos.
– 4. Auflage – Würzburg: Vogel, 1989
(Management-Wissen)
ISBN 3-8023-0675-9

ISBN 3-8023-0675-9
4. Auflage. 1989

Printed in Germany

Herstellung: Alois Erdl KG, Trostberg

Vorwort

Marktbezogenes Denken und Handeln

Marketing ist mehr als «einfaches Verkaufen». Marketing drückt sich in einer ganz bestimmten Denk- und Geisteshaltung aus. Marketing ist – schlichtweg gesagt – marktorientierte Unternehmensführung. Das heißt, bei allen unternehmerischen Aktivitäten ist vom Markt und den Abnehmern auszugehen. Dabei bedient sich das Marketing verschiedener Instrumente und Techniken. Entscheidend ist jedoch das reibungslose und aufeinander abgestimmte Zusammenspiel dieser Instrumente. Dazu gehören ihr richtiger Einsatz und die Kenntnis der Möglichkeiten und Grenzen.

Das vorliegende Marketing-Buch ist daher kein theoretisches Lehrbuch. Denn Marketing ist nicht blutleer – Marketing lebt aus der Praxis und wird erst plastisch durch anschauliche Beispiele. Deshalb sind die einzelnen Kapitel so gehalten, daß sie auch für den Nicht-Fachmann verständlich sind. Sie sollen Marketing-Basiswissen verschaffen. Jedes Kapitel gibt dabei einen abgerundeten und abgeschlossenen Überblick über den jeweiligen Themenkomplex.

Für den Autor hat modernes Marketing zwei ganz klare Schwerpunkte: die systematische Grundlagenarbeit der Datengewinnung, also die Marktforschung und alles, was sich daran anschließt. Die zweite zentrale Funktion und Aufgabe ist der eher unternehmungspolitische und -strategische Aspekt der Produktneuplanung und Markteinführung. Marketing bedeutet nämlich nicht nur unternehmerisches Fingerspitzengefühl; Marketing beruht gleichfalls auf exakten, methodischen Grundlagen, auf streng wissenschaftlichen Verfahren. Dazu gehören die statistische Methodenlehre, die Stichprobentheorie sowie die diversen Verfahren der primären und sekundären Marktforschung. Alle Methoden zusammengenommen haben ein Ziel: den sprichwörtlich gewordenen Datenhunger der Unternehmen zu stillen. Dabei stehen in der heutigen Zeit stagnierender Umsätze und reduzierter Forschungsetats einige Forderungen ganz weit oben: Datengewinnung so schnell wie möglich, so zuverlässig wie möglich und vor allem so billig wie möglich. Die Kapitel über die Marktforschung enthalten dazu praktische Tips.

Ein wesentlicher Aspekt des Marketing ist auch das Suchen und Nutzen von sich bietenden Marktchancen. Marktchancen systematisch zu suchen, zu finden und auch wahrzunehmen – das ist die wichtigste Aufgabe der Unternehmensführung. Da die meisten Marktsektoren bereits ausgereizt sind und die Quellen für neue Ideen langsamer sprudeln, müssen daher die vorhandenen Möglichkeiten noch besser und systematischer ausgeschöpft werden. Damit verbunden ist eine Innovationsstrategie, mit deren Hilfe sämtliche Quellen für neue Produkte genutzt werden. Das Risiko eines Fehlschlages, eines «Flops» bei der Einführung neuer Produkte, muß durch abgesicherte Prüfmethoden und Markttests minimiert werden. Noch immer kann man dabei vom Mutterland des Marketing, den USA, lernen. Marketingstrategien aus den USA, verbunden mit deutschem Modelldenken – z. B. das psychologische Marktmodell von Bernd Spiegel –, weisen alle in dieselbe Richtung: Exaktheit in der Grundlagenarbeit – Einfallsreichtum, Durchhaltevermögen und Risikobereitschaft bei der Umsetzung.

Der letzte Teil dieses Marketing-Buches steht unter dem Thema «Verkaufen». Rolf H. Ruhleder – Autor dieser Kapitel – schöpft dabei aus dem umfangreichen Erfahrungsschatz seiner langjährigen Praxis als Verkaufstrainer. Ihm und Günther Feyler, Autor des Kapitels «Verkaufspsychologie», sei an dieser Stelle für die Abrundung des vorliegenden Marketingwerkes gedankt. Diese Beiträge atmen nicht das akademische, oftmals todlangweilige Marketingstroh mancher Lehrbücher, sondern begeistern durch ihre Spontaneität und Praxisnähe. Wenn es dem Autor hiermit gelungen ist, lebendige Marketingpraxis auch für den Nicht-Fachmann zu vermitteln, dann hat er sein Ziel voll und ganz erreicht.

Joachim Bloos Würzburg

Inhaltsverzeichnis

Kapitel 1

MARKTBEZOGENES DENKEN UND HANDELN GRUNDLAGEN DES MARKETING

Was heißt eigentlich Marketing?

Marketing für Techniker? Für den Techniker gehört dieser schillernde Begriff zu der etwas dubiosen Alchimistenküche der Werber, Verkaufsförderer und Public-Relations-Fachleute. Der Denkstil des Technikers ist rational, kausal und produktbezogen. Für ihn ist die Tätigkeit des Unternehmens kein Bedürfnisbefriedigungsprozeß, sondern primär ein Produktionsprozeß. Er ist im Grunde davon überzeugt, daß sich perfekte Technik von selbst verkauft.

Warum Marketing

In den letzten Jahren hat sich die Wandlung vom Verkäufermarkt zum Käufermarkt vollzogen. Nicht mehr die Produktion steht im Mittelpunkt, sondern der Markt mit seinen Bedürfnissen und Wünschen. Marketing ist dabei eine Methode, diesen Markt zu beeinflussen und zu gestalten. Marketing ist um so wichtiger, je gesättigter der Markt ist, je austauschbarer die Produkte sind und je mehr man an die Grenze der Verbesserungsfähigkeit der Angebote stößt. Das gilt in zunehmendem Maße heute auch für die Investitionsgüterindustrie.

Was ist Marketing

Marketing ist ein Prinzip, eine Konzeption, eine Denkweise. Marketing – schlichtweg gesagt – marktorientierte Unternehmensführung. Marketing ist die Einsicht, daß ein Unternehmen vom Markt lebt. Der Kunde ist der zentrale Ansatzpunkt und letzten Endes die Existenzberechtigung der Unternehmung. Marketing ist die Einsicht, daß die gesamte Tätigkeit eines Unternehmens von außen nach innen zu orientieren ist. Neben der Marktorientierung gibt es zwei weitere wichtige Definitionsmerkmale zum Marketing: die Ausrichtung der Unternehmenspolitik auf die Zukunft und auf permanentes Wachstum. Ein Produkt mag zwar im Augenblick noch völlig marktgerecht sein, aber für die Erhaltung des Unternehmens ist es von zentraler Bedeutung, ob es auch in Zukunft noch seine Existenzberechtigung haben wird (Beispiel: VW-Käfer).

Marketing ist somit

- ☐ marktorientiertes
- ☐ zukunftsorientiertes
- ☐ wachstumsorientiertes

Denken, Handeln und Entscheiden der Unternehmensführung sowie aller Mitarbeiter.

Marketingkonzeption und Marketingkreislauf

Die Durchführung des Marketing im Unternehmen ist ein kybernetischer Regel- und Kreislaufprozeß. Dieser Prozeß läuft in verschiedenen aufeinanderfolgenden Hauptphasen ab. Es sind kontinuierliche Tätigkeiten, die sich ständig wiederholen und dadurch den Marketingkreislauf bilden (Bild 1.1).

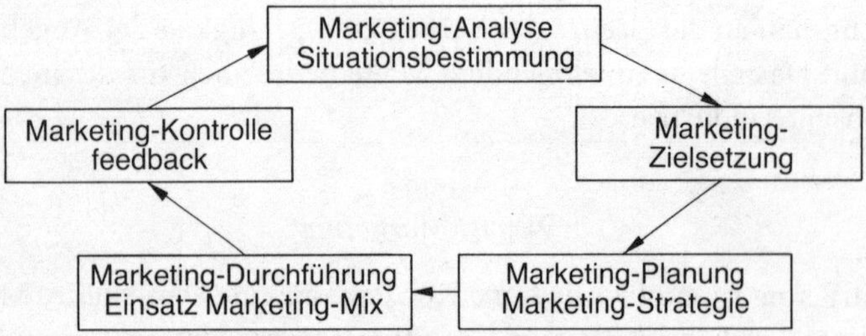

Bild 1.1 Der Marketingkreislauf

Marketinganalyse
Die Situationsbestimmung zur Durchleuchtung des Marktes steht logischerweise am Anfang.

Marketingplanung
Die Strategie wird bestimmt, die Mittel zur Erreichung der gesetzten Marketingziele ausgewählt.

Marketingdurchführung
Die Marketing-Mix-Faktoren gelangen zum Einsatz.

Marketingkontrolle
Im Feedback (Rückkopplungsprozeß) wird die Wirksamkeit der eingesetzten Faktoren im Hinblick auf die Erreichung der gesetzten Ziele überprüft.

Marketinganalyse

In dieser Phase wird im wesentlichen die Marktforschung eingeschaltet. Es gilt, wichtige Informationen über den zur Diskussion stehenden Markt zu beschaffen, d. h., den Markt transparent zu machen. Eine Reihe von Basisinformationen sind besonders wichtig:

- ☐ Politische Rahmenbedingungen und Gesetzgebung (Analyse und Prognose der gesamtwirtschaftlichen Faktoren)
- ☐ Konjunkturlage und Entwicklung
- ☐ Entwicklung und Möglichkeiten der Gesamtbranche
- ☐ Wettbewerbssituation und Marktanteile
- ☐ Größe und Beschreibung der Teilmärkte
- ☐ Marktstellung des eigenen Unternehmens
- ☐ Absatzwege, Vertriebssysteme
- ☐ Zusammensetzung der Abnehmer
- ☐ Struktur des Vertriebsapparates

Neben diesen sogenannten exogenen Einflußfaktoren sind für die Fixierung der Marketingkonzeption die endogenen Faktoren von großer Bedeutung. Die innerbetrieblichen Gegebenheiten werden durch die Analyse des Istzustandes der Unternehmenssituation und der Unternehmensentwicklung erfaßt:

- ☐ Die Unternehmensstruktur (Eigentumsverhältnisse, Kapitalverflechtungen)
- ☐ Die Organisationsstruktur
- ☐ Die Umsatz-, Kosten- und Gewinnsituation
- ☐ Das Image des Unternehmens, der Produkte
- ☐ Die betrieblichen Teilbereiche Einkauf, Produktion und Absatz

Marketingzielsetzung

Die Ergebnisse der Marketinganalyse werden zur Fixierung der unternehmerischen Ziele herangezogen. Dies geschieht zur Abgrenzung des unternehmerischen Aktionsfeldes. Es gilt, eine sinnvolle Beschränkung der zur Wahl stehenden Handlungsalternativen vorzunehmen. Zu dem allgemeinen Unternehmungsziel, das i. w. eine angemessene Gewinnerzielung bedeutet, kommen genau definierte und formulierte Teilziele und notwendige Nebenbedingungen (z. B. Liquidität). Doch diese dürfen keinesfalls allgemein gehalten sein. Sie haben vielmehr sehr spezielle und detaillierte Aussagen zu enthalten. Es müssen Marktanteile angesteuert, Produktziele fixiert werden. Das Produktziel seinerseits bestimmt das Produktionsziel nach Qualität und Quantität und legt die Kapazitäten und notwendigen Investitionen fest. Im Vertriebsziel werden Größe und Effizienz des Verkaufsapparates sowie die Art der Marktansprache (Werbung) fixiert. Ausgehend vom Absatzziel werden die nachgeordneten Ziele festgelegt.

Marketingplanung

Mit der Entscheidung für ein Marketingziel hat sich die Unternehmensleitung zugleich auf eine bestimmte Marketingkonzeption festgelegt. Diese besteht aus den drei Teilbereichen Produkt-, Vertriebs- und Werbekonzeption. Es gilt nun, den Einsatz der sogenannten absatzpolitischen Mittel oder des absatzpolitischen Instrumentariums zu planen.

Dazu gehören:

- ☐ Produktpolitik
- ☐ Vertriebspolitik
- ☐ Werbung
- ☐ Absatz- und Verkaufsförderung
- ☐ Preispolitik

Die Schwierigkeit besteht darin, diese sich gegenseitig beeinflussenden Mittel optimal einzusetzen. Die Kombination dieser Faktoren nennt man das Marketing-Mix. Die verschiedenen Marketing-Mix-Faktoren müssen sorgfältig aufeinander abgestimmt und in ein gemeinsames Aktionsprogramm integriert werden. Das Aktionsprogramm legt die Einzelmaßnahmen fest, um die geplante Strategie zu verwirklichen und die einmal fixierten Ziele zu erreichen.

Produktkonzeption

Bei der Erstellung der Produktkonzeption stehen die Abnehmer im Mittelpunkt. Es wird die Qualität bestimmt, Lieferfristen, Konditionen und Preis festgelegt. Bei den Markenartikeln gewinnt die äußere Gestaltung des Produkts, das Design und die Verpackung immer mehr an Bedeutung. Oft gelingt nur dadurch die Differenzierung zu Konkurrenzprodukten und die Schaffung von Präferenzen. Bei den Investitionsgütern hat das Produkt die Aufgabe, die Probleme der Abnehmer zu lösen. Für die Konkurrenzfähigkeit eines Angebotes sind neben der Qualität ein gut ausgebauter Kundendienst und die sogenannte Software (Beratung bei den Einsatzmöglichkeiten) ausschlaggebend. Alle diese Faktoren müssen in das Produktkonzept einfließen.

Werbekonzeption

Das Ziel der Werbekonzeption ist die Erschließung neuer Käuferschichten für alte und neue Produkte und die Pflege und Erhaltung alter Kunden. Auch die Erstellung der Werbekonzeption verläuft in verschiedenen Phasen.

1. Phase

Die Ermittlung der kaufbeeinflussenden bzw. anschaffungsentscheidenden Personengruppen und des potentiellen Abnehmerkreises nach quantitativen und qualitativen Gesichtspunkten.

2. Phase

Auswahl der geeigneten Werbemittel zur Ansprache der ausgewählten Zielgruppen, z. B.: Anzeigenwerbung, Direktwerbung, Messen und Ausstellungen, Vertreterbesuche, Vorführungen.

3. Phase

Bestimmung der Argumentation und Gestaltungsformen der Werbung.

Vertriebskonzeption

Durch die Bestimmung der Absatzwege fällt die Entscheidung für die direkte oder indirekte Vertriebsform. Bei der indirekten Vertriebsform werden die klassischen Marktmittler Groß- und Einzelhandel eingeschaltet, während beim direkten Vertrieb der Hersteller direkt den Verwender beliefert. In der Vertriebskonzeption fällt auch die Entscheidung über die Art der Anknüpfung von Geschäftsbeziehungen. Es gilt, die Vor- und Nachteile festangestellter Reisender und selbständiger Handelsvertreter zu ermitteln.

Marketingdurchführung

Auf die Erstellung des Marketingplanes folgt die Phase der Durchführung der erarbeiteten Strategien. Es kommt zum Einsatz der gesamten Marketing-Mix-Faktoren in aufeinander abgestimmten Zeitpunkten.

Marketingkontrolle

Die letzte Phase des Marketingkreislaufes ist die Kontrolle, ob die gesteckten Marketingziele erreicht wurden. Gleichzeitig wird die Effizienz der einzelnen Faktoren geprüft, die eingesetzt wurden.

Diese Kontrolle muß permanent nach jedem Teilabschnitt des Aktionsplanes erfolgen. Nur so kann die Marketingkonzeption rechtzeitig modifiziert werden, falls sich neue Gesichtspunkte ergeben haben. Dadurch können Schwachstellen erkannt und elastisch auf Aktionen und Reaktionen des Marktes und der Konkurrenz eingegangen werden.

Marketingorganisation

Um eine marktorientierte Unternehmenspolitik durchführen zu können, müssen in der innerbetrieblichen Organisation die notwendigen Voraussetzungen geschaffen werden. Es gilt, Verantwortlichkeiten festzulegen und die Zuständigkeit für das Gesamtmarketing in einer Hand zusammenzufassen. Eine der möglichen «marketingfreundlichen» Organisationsformen ist das Produktmanagement:

Dabei ist der Produktmanager für ein Produkt oder einen Produktbereich im Unternehmen zuständig. Er initiiert und koordiniert alle Tätigkeiten, die den (Markt-)Erfolg seines Produktes ausmachen, und bedient sich dazu der verschiedenen Serviceabteilungen des Marketing: Werbung, Marktforschung, Verkaufsförderung u. a. Das PM-System wird heute in vielen deutschen Großfirmen mit Erfolg praktiziert.

Marketingmodelle

Heute wird sehr viel von Marketingmodellen gesprochen. Ein Marketingmodell löst die Aufgabe, eine Vielzahl aktueller und umfassender Daten in ihrer Interdependenz darzustellen. Dadurch sollen Marketingentscheidungen vorbereitet und verschiedene Marketingstrategien im Modell durchgespielt werden. Die komplexen Zusammenhänge des Marktes können nur mit Hilfe mathematischer Verfahren und mit dem Einsatz von Computern dargestellt werden. Man unterscheidet folgende Grundmodelle: Optimierungsmodelle, Simulationsmodelle, Spieltheoretische Modelle.

In der praktischen Anwendung befinden sich heute noch ausschließlich Teilmodelle, Modelle, die ein Teilproblem des betrieblichen Marketing lösen helfen (z. B. optimale Standortwahl). Die Erstellung eines Gesamtmarketingmodells scheitert noch an der Komplexität der Zusammenhänge und der Unmöglichkeit, alle funktionalen und zeitabhängigen Wechselwirkungen darzustellen. Das ist letztendlich auch das Problem der optimalen Marketingorganisation, die in der Praxis nur selten anzutreffen ist. Dennoch sind auch Teilmodelle wertvolle Hilfen für das Management. Sie zeigen verschiedene Entscheidungsalternativen auf und rechnen den Sicherheitsgrad der Ergebnisse aus. Die endgültige Entscheidung bleibt aber eine nicht delegierbare Aufgabe des Management.

Fazit:

Marketing ist marktbezogenes Denken und Handeln. Es ist ein Führungsstil, eine Ausrichtung der Firma auf den Markt, auf den Verwender, den Abnehmer. Marketing ist eine Grundauffassung, die sich auf das gesamte Unternehmen erstrecken muß, auf alle Bereiche: von der Produktion über die Personalabteilung bis hin zum Mahnwesen.

Werbung – Instrument des Marketing

Werbung ist ein außerordentlich komplexes Phänomen, das nicht zuletzt durch die immensen Werbeaufwendungen der Wirtschaft im Blickfeld der Öffentlichkeit steht. Sie ist eines der wichtigsten absatzpolitischen Instrumente, die im Rahmen des betrieblichen Marketing-Mix zum Einsatz gelangen. Sie muß heute mehr denn je planvoll und von Werbeprofis betrieben werden.

Definition und Aufgabe

Die Werbung ist, kurz gesagt, eine Form der Kommunikation. Sie übermittelt Botschaften von einem Sender (Werbungtreibenden) an einen Empfänger (Zielgruppe). Innerhalb dieses Kommunikationsprozesses werden bestimmte Kommunikationsmittel gebraucht – die Werbemittel, die über verschiedene Kommunikationskanäle – die Werbeträger – an die Adressaten der Werbung herangebracht werden. Der Werbung fallen zwei wichtige Aufgaben zu: die der Information und der Motivation. Die Werbung muß einerseits objektiv über ein bestimmtes Angebot am Markt informieren, etwa über die technische Beschaffenheit, den Verwendungszweck und den Preis. Dabei folgt sie rationalen Gesichtspunkten. Daneben müssen aber auch Präferenzen geschaffen (der Grund, warum ein Produkt dem anderen vorgezogen wird), Handlungsbereitschaften erzeugt, Kaufhandlungen ausgelöst und Investitionsentscheidungen beeinflußt werden. Kurz, die Werbung muß auch motivieren. Das geschieht meist auf emotionaler Ebene.

Werbeziele

Die Festlegung von Zielen steht am Beginn jeder Marketingkonzeption. Das Hauptwerbeziel ist – wie bei jedem wirtschaftlichen Handeln – die Förderung des Absatzes. Zur Erreichung dieses Zieles fallen der Werbung einige wesentliche Aufgaben zu:

- ☐ Information über ein bestimmtes Angebot, Bekanntmachung eines Produktes,

- ☐ Schaffung von Präferenzen für das eigene Produkt,
- ☐ Erhöhung des Bekanntheitsgrades eines Produktes oder einer Firma,
- ☐ Beeinflussung und Veränderung von Einstellung (Motivieren),
- ☐ Beeinflussung und Steuerung von Kauf- und Investitionsentscheidungen,
- ☐ Schaffung eines bestimmten Images,
- ☐ Erschließung neuer Märkte,
- ☐ Neutralisierung der Werbung der Konkurrenten.

Zur Erreichung dieser Werbeziele steht der Werbeetat zur Verfügung, das sind jene finanziellen Mittel, die innerhalb einer Werbeperiode (Jahr) für Werbemaßnahmen aufgewendet werden. Dieser Etat wird vornehmlich abhängen von den Werbezielen, der finanziellen Lage des Unternehmens, den Werbeausgaben der Konkurrenten usw. Insbesondere im Bereich der Konsumgüterwerbung wird er heute nach Millionen bemessen. Aber auch in der Investitionsgüterwerbung erreicht er zum Teil erhebliche Dimensionen.

Zielgruppen

Eine Zielgruppe umfaßt alle diejenigen Personenkreise, Firmen oder Branchen, die als Abnehmer gewonnen werden sollen. Deren richtige Auswahl ist ein wichtiger Schritt in der Werbeplanung. Erstaunlicherweise kann man auch heute noch feststellen, daß sehr viele Firmen unklare Vorstellungen über ihre Zielgruppe haben und oft zu wenig Überlegungen und marktforscherische Möglichkeiten darauf verwenden, ihre potentiellen Abnehmerkreise genau zu erforschen und zu definieren.

Die Festlegung der Zielgruppen wird alle weiteren Aktionen beeinflussen, z. B. die Auswahl und Gestaltung der Werbemittel und die Streuung der Werbung. Die Zielgruppe muß Merkmale besitzen, die sie als potentielle Käufer und Verwender bestimmter Produkte und Dienstleistungen geeignet machen oder die sie als investitionsbeeinflussende Funktionsträger im Betrieb auszeichnen.

Werbemittel

Als werbliche Kommunikationsmittel dienen die sogenannten Werbemittel. Sie sind die wichtigsten Ausdrucksformen der Absatzwerbung und sollen zur Erreichung der Werbeziele beitragen. Die Zahl der Werbemittel ist groß. Als die wichtigsten sind folgende anzusehen:

- ☐ Anzeige,
- ☐ Prospekt, Katalog, Werbebrief, Werbebroschüre (Direkt-Werbung),
- ☐ Plakat,
- ☐ Kundenzeitschrift,
- ☐ Werbefernsehen, Werbefunk, Werbefilm, Tonbildschau
- ☐ Werbeveranstaltungen, Preisausschreiben,
- ☐ Werbegeschenke,
- ☐ Warenproben und Muster.

Die Auswahl der geeigneten Werbemittel ist von der Art der zu vermittelnden Informationen abhängig, vom Werbeziel – und vom Werbeetat. Kommt es beispielsweise darauf an, umfassende Informationen gezielt zu vermitteln, so bieten Kataloge, Prospekte oder eine Broschüre bessere Informationsmöglichkeiten als das Plakat. Für eine großangelegte Imagewerbung wird sich die Anzeige empfehlen. Ein weiterer Parameter für die Auswahl der Werbemittel sind die Kosten und die Möglichkeit der Streuung. In der Investitionsgüterindustrie wird im Durchschnitt der Werbeetat zu je einem Drittel auf Anzeigen, Direktwerbung sowie Messen aufgeteilt.

Werbegestaltung

Die Werbegestaltung dient dazu, ein Werbeanliegen kommunizierbar, mitteilbar zu machen. Sie umfaßt alle Überlegungen und Tätigkeiten, durch die ein Werbemittel entsteht. Das Problem und die Aufgabe werbewirksamer Gestaltung liegt darin, sich durch eine entsprechende Gestaltung seiner Werbemittel Beachtung zu verschaffen und dies trotz der Vielfalt von Werbeeindrücken, die auf den Umworbenen eindringen. Das Gestalten von Werbemitteln ist eine überwiegend schöpferische Tätigkeit und oft das Tummelfeld der «Kreativen». Es erfordert Einfallsreichtum, Vorstellungsvermögen und die Fähigkeit, eine vorgegebene Konzeption in wahrnehmbare Gehalte umzusetzen. In gleicher Weise verlangt diese Aufgabe jedoch hartes, planvolles und systematisches Arbeiten am Detail. Das wird häufig übersehen. Man unterscheidet grundsätzlich 2 Gestaltungsbereiche; den inhaltlichen und den formalen. Durch die inhaltliche Gestaltung wird die Werbeaussage in eine für den Angesprochenen wahrnehmbare und begreifbare Form gebracht. Durch die Werbeaussage wird die inhaltliche Komponente unterstützt und in das Bewußtsein gerückt. Eine wichtige Aufgabe ist die «Verdichtung» der Werbeaussagen in einem kurzgefaßten Appell oder Slogan. Ein guter Slogan kann die Aufmerksamkeit erregen und damit den Angesprochenen veranlassen, sich mit der ausführlichen Argumentation zu befassen. Gute Slogans haben deshalb eine hohe Gedächtniswirkung und können als Werbekonstante verwendet werden (Beispiel: «Alle reden vom Wetter – wir nicht»). Theoretische Grundlagen der Werbemittelgestaltung sind heute alle Bereiche der Psychologie, Motivationstheorie und Sozialpsychologie. Auch die allgemeinen Erkenntnisse der Kommunikationslehre haben einen wesentlichen Einfluß auf die Werbegestaltung. Man muß sich ihrer bedienen, um heute gute Werbung zu machen. Das hat nicht unbedingt mit Manipulation zu tun.

Werbeträger

Um den gewünschten Kontakt mit einer Zielgruppe herzustellen, werden Werbeträger benutzt. Sie sind die «Vehikel», um die Werbemittel in den Wahrnehmungsbereich der Zielgruppe zu bringen. Die wichtigsten Werbeträger sind:

☐ Zeitungen und Zeitschriften,
☐ Funk, Film und Fernsehen,
☐ Adreßbücher und andere Kompendien,
☐ Messen und Ausstellungen,
☐ Verkehrsmittel, Schaufenster, Anschlagtafeln,
☐ Warenpackungen.

Jeder dieser Werbeträger hat seine eigenen Charaktermerkmale, deren Vor- und Nachteile es sorgfältig abzuwägen gilt. Ganz entscheidend für die Auswahl der geeigneten Werbeträger sind die von ihnen erreichten Zielgruppen. Hierbei bedient man sich heute schon vielfach der EDV und sog. Selektions- und Optimierungsprogramme.

Werbestreuung

Die optimale Auswahl und Zusammenstellung der Werbeträger ist Aufgabe der Streuplanung. Das Problem besteht darin, unter einer möglichst rationellen Verwendung des Werbeetats diejenige Kombination von Werbeträgern auszuwählen, die für die Erreichung des Werbezieles am besten geeignet erscheint. Voraussetzung ist eine objektive Bewertung der einzelnen Werbeträger. Die Werbeträger sind bestrebt, ihre Zielgruppen so transparent wie möglich zu machen. Sie legen dar, welche Personenkreise angesprochen werden, wie diese nach demografischen und soziografischen Merkmalen (z. B. Alter, Geschlecht, Haushaltseinkommen) strukturiert sind, welche Gewohnheiten sie entwickeln usw. Solche Entscheidungshilfen sind für den Streu- und Mediaplaner wichtig, da er dadurch das Risiko, nämlich keinen Erfolg zu haben, minimieren kann.

Werbeplanung

Folgende Aufgaben werden im Rahmen der Werbeplanung gelöst:

- ☐ Festlegung des Werbeziels,
- ☐ Bestimmung der Zielgruppen,
- ☐ Festlegung des Werbeetats,
- ☐ Entwicklung einer Werbekonzeption,
- ☐ Auswahl der Werbemittel,
- ☐ Auswahl der Werbeträger,
- ☐ Festlegung des zeitlichen Einsatzes der Werbemittel,
- ☐ Fixierung des Streuplanes.

In einem Aktionsprogramm werden die Einzelmaßnahmen festgelegt, um die einmal fixierten Werbeziele zu erreichen. Ganz entscheidend ist hierbei, die Werbemittel so einzusetzen, daß sie sich optimal ergänzen und in der richtigen zeitlichen Reihenfolge ablaufen. Werbung kann auf die Dauer nur dann erfolgreich sein, wenn sie permanent und mit System betrieben wird. Das muß nicht unbedingt teuer sein.

Werbeerfolgskontrolle

Nach Ablauf einer Werbekampagne muß festgestellt werden, ob und inwieweit die Werbeziele erreicht worden sind. Da fast immer ein ganzes Bündel von Maßnahmen zum Einsatz kommt, ist eine saubere Abgrenzung und sichere Zuordnung des «Erfolgs» der verschiedenen eingesetzten Mittel nur in den seltensten Fällen möglich. Man behilft sich daher mit Indikatoren, die gewisse Rückschlüsse auf den Werbeerfolg zulassen. Beispiele sind: Zahl der Anfragen auf eine Anzeige, Zahl der Personen, die sich an eine Werbung erinnern (Recall), die Aufmerksamkeit, die von einer Werbung ausgelöst wird usw. Hier beginnt das weite Feld der Werbewirkungsforschung.

Fazit:

Die Werbung ist eines der wichtigsten Instrumente innerhalb des Marketing-Mix. Sie dient sowohl der Information als auch der Beeinflussung von Personen und des Marktes. Eine klare, überzeugende Werbekonzeption, eine optimale Abstimmung aller Einzelpläne und -aktivitäten und schließlich deren saubere Durchführung – das ist das Erfolgsrezept erfolgreicher Werbung.

Image – Modewort oder ...?

Image: Ein Begriff, von vielen gebraucht, von den wenigsten verstanden. Image: ein Mittel der Orientierung und Meinungsbildung, Image: ein Phänomen, das aus unserem modernen Zeitalter der Information und Kommunikation nicht mehr wegzudenken ist. Was steht hinter diesem schillernden Begriff? Kann man Images messen; kann man sie beeinflussen?

Was ist Image?

Das Image (englisch: das Bild, Abbild) übt eine wesentliche Funktion im Bereich von Wirtschaft und Werbung in der Absatz-, Verbrauchs- und Kommunikationsforschung und damit im Marketing aus. Ausgangspunkt bei dem Versuch einer Definition ist die Überlegung, daß nicht allein die objektive Beschaffenheit eines Meinungsgegenstands (z. B. einer Person, einer Firma, eines Produkts) entscheidend dafür ist, wie dieser gesehen und «erlebt» wird. Hinzu kommen subjektive, emotional gefärbte Einstellungen, Gefühle, Meinungen und Erfahrungen, die das Gesamtbild, das Image, wesentlich beeinflussen. Ein simples Beispiel: Man wird das angetraute Eheweib nicht nur nach rein objektiven Maßstäben messen (1. Preis im Schönheitswettbewerb, die Höhe des Intelligenzquotienten). Das Gesamterlebnis wird genauso von subjektiven, emotionalen Faktoren, wie Liebe und Zuneigung, beeinflußt. Derselbe Meinungsgegenstand kann damit – trotz objektiv meßbarer Faktoren – von verschiedenen Personen völlig unterschiedlich erlebt werden («Was der nur an dieser Frau findet!»).

Das Image, das subjektive Vorstellungsbild von einem Erzeugnis, von einer Firma braucht also nicht den objektiven, realen Gegebenheiten voll zu entsprechen. Dennoch ist dieses Vorstellungsbild entscheidend für die Realität.

Im Konsumgüterbereich wird ein Großteil der Werbeausgaben zum Aufbau und Ausbau von Marken- und Firmenimages verwandt. Auch im Investitions- und Produktionsgütersektor wird man sich mehr und mehr der Wichtigkeit des Images bewußt. Ein gutes Image einer Marke oder einer Firma ist in nicht wenigen Fällen das wichtigste Kapital.

Das Image erfüllt folgende wichtige Funktionen:

- Es ist der Charakterträger eines Produkts. Dadurch wird es zur Orientierungshilfe, zum Wegweiser in einem ständig wachsenden Angebot weitgehend gleichwertiger Produkte und hilft eine Entscheidung treffen.
- Images verschaffen dem Verbraucher neben dem realen Nutzen einen Zusatznutzen, z. B. in Form von Prestigegewinn (Porschefahrer, der «Duft der großen weiten Welt»).
- Das Image hebt verwandte, ja gleiche oder sich sehr ähnelnde Firmen und Produkte voneinander ab. Es individualisiert sie und gibt ihnen eine eigene Produkt- bzw. Firmenpersönlichkeit.
- Das Image verschafft einer Marke, einer Firma öffentliches Vertrauen, indem es die Anonymität zwischen Hersteller und Verwender beseitigt.

Neben der Vermittlung von Produktkenntnissen und der Steigerung der Bekanntheit gehört zu den wichtigsten Aufgaben der Werbung der Abbau von Vorurteilen und – besonders schwierig – der systematische Aufbau einer positiven Produkt- und Firmenpersönlichkeit.

Das Image setzt sich aus vielen Teilkomponenten zusammen, wie beispielsweise Name, Firmenzeichen Produktqualität, Werbung usw. Je prägnanter, unverwechselbarer und geschlossener diese Teile sind, um so klarer wird das Produkt- und Firmenbild in den Vorstellungen sein.

Die Imagearten

Grundsätzlich können drei verschiedene Imagearten unterschieden werden:

- ☐ das Branchenimage, das das Vorstellungsbild einer gesamten Herstellergruppe umfaßt (Beispiel: Werkzeugmaschinenhersteller);
- ☐ das Marken-(brand-)Image (vom englischen: brand = die Marke), das das Image eines bestimmten Produkts oder einer ganzen Produktgruppe charakterisiert;
- ☐ das umfassende Firmenimage (Beispiel: Firma IBM).

Firmen- und Produktimages sind oftmals identisch. Die Marke wird zum Ausdruck der Firma, die Firma zum Ausdruck der Marke. Diese Form findet man vielfach in der Investitionsgüterindustrie (Beispiel: Krupp). Imageisolation nennt man dagegen die strenge Trennung von Marken- und Firmenimage. Dabei hat die Firmenpersönlichkeit mit dem Produktangebot für den Außenstehenden nichts Erkennbares mehr gemein (Beispiel: Salzgitter/Borsig). Eine solche Trennung empfiehlt sich bei Diversifikation, wenn das neue Produkt nicht zu dem bestehenden, festverankerten Firmenimage paßt (Beispiel: Oetker-Konzern, als Hersteller von Puddingpulver bekannt, ist gleichzeitig einer der größten Bierbrauer und Schiffsreeder – unter anderem Firmennamen).

Die Haupteinflußfaktoren des Images

Zu den Hauptimage-Einflußgrößen gehören:

- ☐ das Erzeugnis (die Firma) selbst, die Art, Qualität, Produktidee sowie die Eigenschaften des Produkts (Lebensdauer).
- ☐ die Produkt-(Firmen-)Ausstattung, wie zum Beispiel der Name, der stark emotional aufgeladen sein kann (negatives Beispiel: Kanonen-Krupp), das Marken- oder Firmenzeichen (Beispiel: Bayerkreuz), das oft als Identifizierungs- und Gütezeichen erlebt wird, die Hausfarben (Aral: blau). Für das umfassende Image eines Unternehmens sind entscheidend: Größe, Kapital, Investitionen, Exporttätigkeit, soziale Leistungen.

- ☐ der Preis für ein Erzeugnis, der Kundendienst und Service. Ein Prestigepreis beispielsweise kann dem Verwender einen Zusatznutzen verschaffen («Es war schon immer etwas teurer, einen besonderen Geschmack zu haben»).
- ☐ die Werbung in allen ihren Erscheinungsformen: Ein prägnanter Slogan («Die deutschen Bullen»), die Intensität der Werbebemühungen, die Auswahl der Werbeträger usw.
- ☐ der Mensch als Imagebildner: Meinungsbildende Personen (Opinion-leader) können das Image einer Sache nachhaltig beeinflussen (Beispiel: Berthold Beitz von Krupp). Aber: Nicht nur der Chef trägt zur Imagebildung bei. Firmen- und Produktbilder entstehen auch aus dem «Ton» des Pförtners und der Telefonistin.

Imageforschung

Die Imageforschung hat die wesentliche Aufgabe der Diagnose und Therapie von Images. Es werden die Stärken für den zukünftigen Ausbau des Images und dessen Schwächen ermittelt. Nach dem Schritt kann eine Imagekorrektur erfolgen. Ausgehend vom Ist-Image (zum Zeitpunkt der Untersuchung) über das Wunsch-Image (etwa der Inhaberschaft eines Unternehmens), tastet man sich schrittweise an das Ziel-Image heran. Der Imageforschung steht dabei ein umfangreiches methodisches Instrumentarium zur Verfügung. Das nachstehende Schaubild zeigt ein (Teil-)Ergebnis einer Imageanalyse: das sog. Polaritätenprofil (Bild 1.2). Einem Kreis ausgewählter Versuchspersonen wurden entgegengesetzte Eigenschaftsmerkmale vorgelegt, die einem bestimmten Meinungsgegenstand (hier: einem Unternehmen) zugeordnet werden mußten. In dem dargestellten Beispiel wird besonders die Diskrepanz zwischen Ziel-Image und tatsächlich gegebenem Ist-Image deutlich. Diese Abweichungen sind insbesondere bei einigen wichtigen Imagekomponenten gravierend («vertrauenswürdig, typisch deutsch, teuer») und lassen eine Imagekorrektur als dringend ratsam erscheinen. Ein kleiner Hinweis: Je weniger eindeutig die Zuordnung der Eigenschafts-Gegensatzpaare zu den einzelnen Polen vorgenommen wird, um so verwaschener und undeutlicher ist das Image.

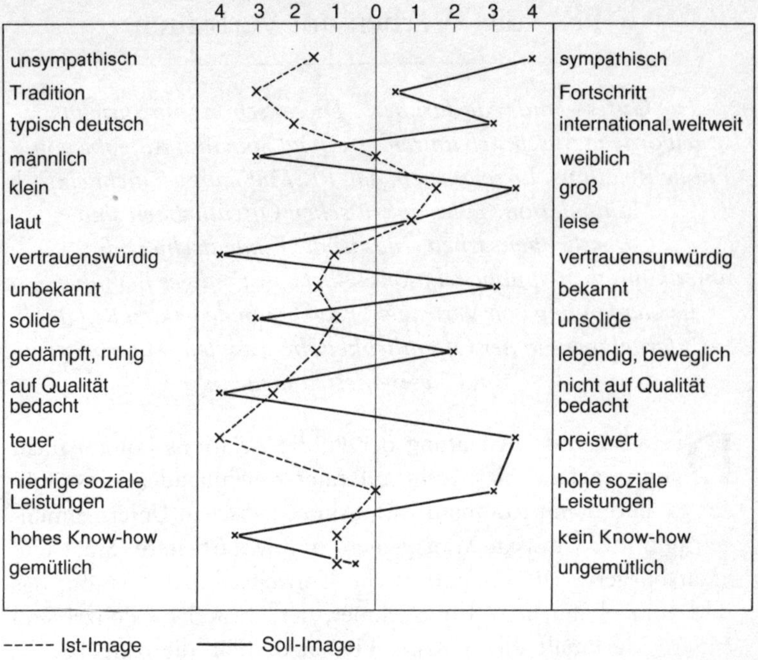

Bild 1.2 Polaritäten-Profil mit Statements für ein Firmenimage

---

Fazit:

Images gewinnen in unserer Zeit der Reiz- und Informationsüberflutung als Mittel der Orientierung, Meinungsbildung und Beeinflussung immer mehr an Bedeutung. Diese wichtigen Funktionen werden von vielen Unternehmen nicht richtig erkannt, obwohl ein gutes Image das beste Kapital und ein schlechtes bzw. gar kein Image ein großes Handikap darstellt. Die Ermittlung des eigenen Images und seine systematische Planung und Steuerung ist daher eine der wichtigsten Marketingmaßnahmen in der Unternehmung.

PR – das Werben um Vertrauen

«Tue Gutes – und rede darüber!» Dieser schon zum Sprichwort gewordene Ausspruch umreißt treffend Sinn und Aufgabe von Public Relations. Er zeigt auch, daß PR-Maßnahmen nicht einfach «Manipulation» einer unkritischen Öffentlichkeit sind. Öffentlichkeitsarbeit – das ist die Eindeutschung des amerikanischen «public relations» – ist ein ständiges Bemühen um die Gewinnung von Vertrauen. Es geht um den guten Ruf des Unternehmens in der Öffentlichkeit, bei Kunden, Mitarbeitern und Geschäftsfreunden.

Die wachsende Bedeutung der Public Relations kommt nicht von ungefähr. Sie beruht auf einer zunehmenden Verständigungs- und damit Kommunikationskrise zwischen Unternehmungen und ihre Umwelt, Management und Mitarbeitern, Staat und Staatsbürgern. Die oft polemische Umweltschutzdiskussion, das Bild vom «häßlichen» Unternehmer, der «brutalen» Polizei sind äußere Merkmale dieser Krise. PR hat deshalb die Aufgabe, die vorhandenen Informationslücken zu schließen, komplizierte Sachzusammenhänge verständlich zu machen und die Voraussetzungen für einen vernünftigen Abbau und Ausgleich von Spannungen zu schaffen. PR erfüllt somit eine wesentliche gesellschaftspolitische Aufgabe. Im Unternehmen setzt PR eine neue Bewußtseinshaltung voraus, nach der ein Unternehmen mehr zu sein hat als nur eine gewinnbringende Produktionsstätte. Es muß verstanden werden als Gemeinwesen mit einer Vielzahl von ökonomischen und sozialen Aufgaben. Diese wiederum können nur dann optimal erfüllt werden, wenn sie vom Verständnis und Vertrauen aller Mitarbeiter und der gesellschaftlichen Umwelt mitgetragen werden. Das setzt Mut zur Offenheit und Information voraus.

PR ist damit nicht Werbung, Propaganda oder gar Manipulation. Es wird vielmehr versucht, durch den ständigen Dialog mit den beteiligten Partnern die ökonomischen Aufgaben und Maßnahmen des Unternehmens und sein Ziel verständlich und glaubwürdig zu machen. Wann sollten PR-Maßnahmen einsetzen? Bestimmt nicht erst dann, wenn das Unternehmen bereits ins Gerede gekommen ist. Auch hier ist Agieren weitaus besser als nur Reagieren.

Zielgruppen der PR

Grundsätzlich sind die Zielgruppen der PR die Öffentlichkeit als Ganzes und ihre verschiedenen Segmente (Bild 1.3). Diese Gruppen sind zu informieren, zu gewinnen, zu überzeugen und zu engagieren. Es sind im einzelnen:

□ *die Mitarbeiter:* Ihnen muß das besondere Augenmerk gelten. Denn nur Mitarbeiter, die hinreichend über die Aufgaben und Ziele des Unternehmens informiert sind, können sich mit ihrer

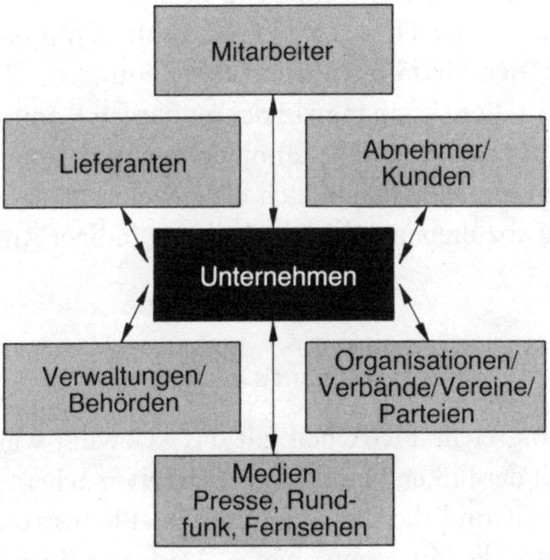

Bild 1.3 Zielgruppen für PR-Maßnahmen

Arbeit und ihrem Unternehmen identifizieren. Hier bedeutet planmäßiges Informieren z. B. durch eine Werkszeitung zugleich Motivieren der Mitarbeiter. Geheimniskrämerei ist jedenfalls Gift für ein gutes Betriebsklima.

☐ *die Kunden:* In einem gemachten Bett schläft's sich besser. Hat sich ein Unternehmen erst einmal einen guten Ruf erworben, ist es bekannt und hat ein gutes Image, dann wirbt und verkauft es sich bedeutend leichter. Zur systematischen Kundenpflege, gehört somit auch die Einbeziehung des Kundenstamms und potentieller Abnehmer in die PR-Aktivitäten.

☐ *die Lieferanten:* Auch hier macht sich Offenheit und das ständige Bemühen um Vertrauen im Endeffekt bezahlt.

☐ *Verwaltungen/Behörden:* Der Ausbau guter Beziehungen und die ständige Pflege des Kontaktes zu den zuständigen Verwaltungen und Behörden ist eine wichtige Aufgabe der betrieblichen PR.

☐ *Organisationen/Verbände:* Der Gewinnung und Pflege der Beziehungen zu den verschiedenen Organisationen und Interessengruppen, wie z.B. Vereinen, Schulen, Verbänden und Parteien, kommt besondere Bedeutung zu. Diese Gruppen sind in starkem Maße Meinungsbildner (Opinion-leader), die die öffentliche Meinung entscheidend beeinflussen und prägen.

☐ *Medien:* Ein guter Draht zur Presse zahlt sich immer aus. Nur mit Hilfe der vielfältigen Medien (Zeitungen, Zeitschriften, Funk, Fernsehen) kann man in der modernen Kommunikationsgesellschaft genannt und bekannt werden. Sich in sympathischer Weise bemerkbar machen; sich als einzelnes Unternehmen aus der Masse abzuheben – dazu bedarf es ständiger Anstöße in den Medien.

Wie man's macht

Auch für erfolgreiche PR-Arbeit gilt das «Gewußt wie». PR kann man nicht mit der linken Hand «so nebenbei» machen. Unerläßlich ist die Kenntnis und die Beherrschung des PR-Instrumentariums, das Wissen um die Zusammenhänge. Und: wie überall, so steckt auch hier der Teufel im Detail. Noch so originelle Einfälle und leuchtende Vorbilder sind nichts wert, wenn ihre Verwirklichung nicht klappt. Das Geheimnis erfolgreicher Kontakt- und Vertrauenspflege sind deshalb sorgfältige Kleinarbeit und eine funktionierende Organisation.

Die Pressemeldung

Die Pressemeldung ist das wichtigste Bindeglied zur Tagespresse zu (Fach-)Zeitschriften und sonstigen Publikationen. In Frage kommen – je nach Bedarf – einzelne Pressemitteilungen, regelmäßige Pressedienste, Hausinformationen, Geschäftsberichte und Jubiläumsschriften. Aktuelle Anlässe gibt es mehr als genug: karitative Hilfeleistungen, Stiftungen für kulturelle Einrichtungen und Sportstätten, Aussetzen von Förderungspreisen – das Unternehmen sollte mit den Beweisen seines Gemeinsinnes nicht hinterm Berg halten.

Die rechtzeitige und umfassende Vorstellung und Publizierung eines neuen Erzeugnisses durch gezielte PR-Tätigkeit erleichtert wesentlich die folgende Einführungskampagne.

PR-Anlässe sind ferner ein Neubau, größere Investitionen, erfolgreiche Abschlüsse, hohe Besucher, Jubiläen.

Auch einer negativen Publizität, wie Streiks, Werksstillegungen, Betriebsunfälle kann bei offener und umfassender Informationspolitik die Spitze und Schärfe genommen werden. Gerade in diesen Fällen macht sich der bereits erwähnte gute Draht zur Presse besonders bezahlt.

Form und Inhalt

Eine Nachricht, eine Meldung braucht nicht immer «der» Knüller zu sein. Selbst kleine Meldungen vermitteln interessante Informationen, wenn sie einen sach- oder personenbezogenen Kern haben. Es lohnt sich dabei, über die Empfänger etwas mehr nachzudenken, denn nicht jede Nachricht interessiert auch jedermann. Durch den Aufbau einer vielschichtig gegliederten Verteilerkartei kann man seine Nachrichten gezielt «streuen».

Jede PR-Information muß die beiden wichtigsten Qualitätskriterien erfüllen: sie muß sachlich und verständlich sein. Nicht der

«Gag» ist das Entscheidende, sondern der tatsächliche Informationsgehalt. Technikern gilt ein besonderer Rat: Vorsicht vor Zahlenfriedhöfen, vor Haufen an technischen Details, vor technischem «Fachchinesisch». Achten Sie besonders darauf, daß aus Ihrem Text- und Bildmaterial eindeutig und klar hervorgeht, was tatsächlich neu an dem vorgestellten Erzeugnis ist, wo seine speziellen Vorzüge liegen und welche neuen Anwendungsmöglichkeiten es eröffnet.

Konferenzen und Tagungen

Eine gelungene Konferenz mit perfekter Organisation, interessanten Informationen und reibungslosem Ablauf hat immer den gewünschten PR-Effekt. Dies setzt jedoch viel Vorarbeit voraus, exaktes Planen und minutiöse Generalstabsarbeit.

Ein paar Tips für eine spezielle Konferenz, z. B. die Pressekonferenz:

- ☐ die eingeladenen Journalistengäste auf jeden Fall ernstnehmen. Sie sind keine bloßen Informationsabholer, sondern meist kritisch und anspruchsvoll. Deshalb sind Pressekonferenzen auch Sache der Chefetage;
- ☐ in der Kürze liegt die Würze! Gerade für Journalisten ist time = money;
- ☐ ausführliches, gedrucktes Pressematerial (sog. «Waschzettel») erleichtert die Arbeit der Redaktion;
- ☐ genügend Zeit für Fragen einräumen;
- ☐ nicht den Eindruck erwecken, Schleichwerbung betreiben zu wollen;
- ☐ Vorsicht mit Geschenken, ihnen haftet leicht der Geruch der «Bestechung» an;
- ☐ und wenn eine Meldung einmal nicht oder nicht in der «gewünschten» Form gebracht wurde: zuerst den Fehler bei sich suchen: Vielleicht war die Information doch nicht so neu!

PR-Anzeigen

PR-Anzeigen sind keine Verkaufsanzeigen. Nicht das Produkt wird in den Vordergrund gestellt, sondern der Beitrag, den das Unternehmen für die Gemeinschaft bringt. Es kann dadurch zeigen, daß es sich seiner sozialen und gesellschaftlichen Verantwortung bewußt ist und ihr auch nachkommt. Auch dies ist eine Form des Werbens um das öffentliche Vertrauen. PR-Anzeigen unterliegen anderen Gestaltungskriterien als reine Verkaufsanzeigen. Vorsicht vor einer Gestaltung, die dem Gestaltungsbild der die PR-Anzeige aufnehmenden Publikation zu sehr angepaßt ist. Der Leser fühlt sich dabei leicht irritiert.

Betriebsbesichtigungen

Betriebsbesichtigungen brauchen keine moderne Form der Landplage zu sein. Bei sorgfältiger Auswahl der Teilnehmer und einer guten Vorbereitung sind sie vielmehr eine gute Gelegenheit, gezielt für die Arbeit des Unternehmens zu werben oder gute Beziehungen zur Öffentlichkeit herzustellen. Dies können sein: Schüler (Nachwuchswerbung), Pressevertreter, kommunale Verwaltungsbeamte, die Angehörigen der Mitarbeiter. Erfolgreich werden Besichtigungen nur dann, wenn während ihres Ablaufes alles stimmt. Ein weiterer Punkt: die richtige Auswahl der Betreuer: Es sollte ein alter «Betriebshase» sein, denn er muß Begeisterung ausstrahlen, verständlich erklären, einleuchtend demonstrieren, das Interesse wachhalten können. Besucherwege müssen sorgfältig festgelegt werden (Unfallgefahr, Störung des Produktionsablaufes) und ein logisches Beobachten des Produktionsablaufes gewährleisten. Geballte Eindrücke verwirren, lange Fußmärsche töten auf die Dauer jegliches Interesse und Sympathiegefühl. Vor der Besichtigung sollte das Wesentliche kurz erläutert und an ihrem Ende Informationsmaterial und ggf. eine kleine Erfrischung gereicht werden.

PR-Grundregeln

Öffentlichkeitsarbeit muß einigen Grundforderungen entsprechen, will sie erfolgreich sein:

- ☐ absolute Ehrlichkeit: Reine Fassadenkosmetik ist unglaubwürdig, denn die Öffentlichkeit hat durchaus Gespür für Schein und Wirklichkeit.
- ☐ Klarheit: und das sowohl im Denken als auch in der Aussage. Die Aussage muß vom Angesprochenen verstanden werden.
- ☐ Überprüfbarkeit: Informationen sind nur dann wertvoll, wenn sie auf ihren Wahrheitsgehalt überprüft und verifiziert werden können.
- ☐ Offenheit: Offenheit macht sich bezahlt: Geheimniskrämerei oder vornehme Zurückhaltung sind falsch am Platze.
- ☐ Bescheidenheit: ist eine Zier und sollte eine Leitlinie der PR-Tätigkeit sein. Leistungen überzeugen am besten.

Träger der PR-Arbeit

PR ist Sache der Unternehmensleitung, zumindest muß sie sich mit ihr identifizieren und sie voll und ganz unterstützen. PR macht jedoch jeder einzelne im Unternehmen und sei es der «kleinste» Mitarbeiter: der Ton der Telefonistin, das Auftreten des Pförtners, die Sachbearbeiterin in der Mahnabteilung. Jedoch darf PR nicht dem Zufall überlasen werden. Es muß einen Verantwortlichen geben, der initiiert und koordinierend wirkt. Hierfür eignet sich am besten ein PR-Fachmann oder in größeren Unternehmen eine eigene Abteilung.

Fazit:

Public Relations sind ein wichtiger Faktor im Marketing-Mix. Auch kleinere Unternehmen sollten der systematischen Öffentlichkeitsarbeit Aufmerksamkeit schenken. Mitarbeiter und Öffentlichkeit werden in zunehmendem Maße mündig und damit kritischer. Beide wollen ausreichend informiert, überzeugt und gewonnen werden. Erfolgreiches PR verlangt Fachwissen und bedeutet harte Arbeit. Aber die Mühen machen sich bezahlt: Ein guter Ruf ist Kapital, das den Wert eines Unternehmens steigert.

Erfolgreiche Verkaufsförderung

Verkaufsförderung – lange Zeit Stiefschwester der Werbung – hat sich als wichtiges Marketinginstrument profiliert. Der geplante Einsatz von Verkaufsförderungsmaßnahmen ist heute nicht nur auf die Konsumgüterindustrie beschränkt, sondern gewinnt auch im Dienstleistungs- und Investitionsgüterbereich immer größere Bedeutung. Erfolgreiche Verkaufsförderung erfordert besonders die Fähigkeit, andere zu begeistern.

Verkaufsförderung – amerikanisch: Sales promotion – umfaßt Maßnahmen, Mittel und Methoden, die Hilfen für die eigene Verkaufsorganisation und Absatzmittler (Handel) sind. Ziel ist die Erreichung eines kontinuierlichen Absatzes der Produktion. Verkaufsförderung ist dabei sozusagen das «Schmiermittel», das den Weg zum Abnehmer reibungslos gestaltet. Es ist der «Treibsatz», der dem Produkt auf diesem Weg immer neue Impulse gibt.

Aufgaben

Alle Verkaufsförderungsmaßnahmen haben drei wichtige Aufgaben zu erfüllen:

Es muß eine möglichst dichte und kontinuierliche Verteilung (Distribution) erreicht werden, um so dem Interessenten das Kaufen zu erleichtern oder überhaupt zu ermöglichen.

Die Verkaufsfähigkeiten, also das verkäuferische Können aller Verkäufer ist durch ständige Maßnahmen zu steigern.

Das Interesse der möglichen Abnehmer (insbesondere des Handels) am Angebot ist durch dauernde werbliche und sonstige Bemühungen wachzuhalten und zu steigern. Dem Verkaufsförderer steht ein umfangreicher Katalog an Maßnahmen, Mitteln und Instrumenten zur Verfügung. Die wichtigsten, jedoch längst nicht alle, sind:

Vorführungen und Seminare

Vorführungen und Veranstaltungen sind besonders bei demonstrationsbedürftigen Produkten und Anlagen angebracht, etwa bei Werkzeugmaschinen oder Walzstraßen. Durch Vorführungen können komplizierte Vorgänge und Abläufe unmittelbar am Objekt erklärt werden. Dies kann direkt beim Kunden oder im eigenen Haus geschehen. Informations- und Besichtigungsreisen gewinnen als Instrument der Verkaufsförderung immer mehr an Bedeutung. Firmen, die Maschinen und Anlagen bereits erfolgreich in Betrieb genommen haben, sind als «Demonstrationsobjekt» besonders geeignet.

Seminare und Schulungsveranstaltungen vertiefen den Kontakt zu den Abnehmern. Durch Schulung des Verkaufspersonals der Händler, Hilfestellung bei der Gestaltung der Ausstellungsräume, Beratung bei der Sortimentgestaltung und durch regelmäßig stattfindende Händlertagungen werden die Absatzmittler in ihren Verkaufsbemühungen unterstützt. Die Einarbeitung von Fachpersonal im eigenen Werk bindet den Kunden an die Firma.

Wettbewerbe und Kampagnen

Wettbewerbe und ein interessantes Anreiz- und Prämiensystem geben dem Verkauf zusätzlich Impulse. Dieses Verkaufsförderungsinstrument kann bei den eigenen Verkäufern, den Händlern und den Abnehmern eingesetzt werden.

Direktwerbekampagnen (Direct-mail) unterstützen die werblichen Bemühungen in Fachzeitschriften und anderen Medien. Bewährt hat sich die Aussendung von Mustern und kleinen Aufmerksamkeiten, die aber alle mit dem Angebot in Verbindung stehen sollen. Aber: Nicht der «Gag» allein zählt, sondern die verbindende Idee.

Messen und Ausstellungen

Messen und Ausstellungen eröffnen weitere interessante Gelegenheiten für Verkaufsförderungsmaßnahmen: Pressekonferenzen, Informationsveranstaltungen, Vorführungen, Standgestaltung mit interesseweckendem Displaymaterial (Aufsteller) und sonstigen Demonstrationsmitteln – bis hin zu der Möglichkeit, ermatteten Messebesuchern eine Erfrischung zu reichen: Der Phantasie sind keine Grenzen gesetzt.

Vertreterschulung

Eine der wichtigsten Zielgruppen für Verkaufsförderungsaktivitäten ist der eigene Außendienst. Von ihm hängt primär Erfolg oder Mißerfolg des Verkaufs ab. Der Information, Schulung und Ausrüstung der Außendienstmitarbeiter sollte daher das besondere Augenmerk gelten. Die Verkaufsleitung muß einmal die Verkäufer mit Organisationsmitteln ausrüsten. Dazu zählen Karteikarten, Besuchsberichte, Verkaufshandbücher, Demonstrationsmaterial, Sales folder (zusammenklappbare Schaubilder oder Tafeln) und Argumentationssammlungen.

Regelmäßig stattfindende Vertreterkonferenzen festigen den Kontakt zwischen dem Außen- und Innendienst und den Außendienstmitarbeitern untereinander. Sie dienen der Analyse abgelaufener Kampagnen, der Information über geplante Aktivitäten und über allgemein interessierende Themen (Zukunftsvorstellungen der Geschäftsleitung). Durch regelmäßig durchgeführte Schulungsveranstaltungen werden die Vertreter für ihre Aufgabe ausgerüstet. Gründliche Kenntnisse des Marktes, der Konkurrenz und der eigenen Erzeugnisse werden vermittelt, Argumentations- und Verkaufstechniken geübt und die Überwindung von Verkaufswiderständen trainiert. Als geeignete Hilfsmittel hierfür haben sich Verkaufsspiele, Wettbewerbe und Verkäufertests erwiesen.

Solche Schulungsveranstaltungen haben das generelle Ziel, dem Verkäufer die Zusammenhänge in dem Unternehmen selbst und die Gesamtbeziehung zum Markt erkennbar zu machen, ihn mit seiner Firma und seiner Aufgabe zu identifizieren versuchen, ihm Allge-

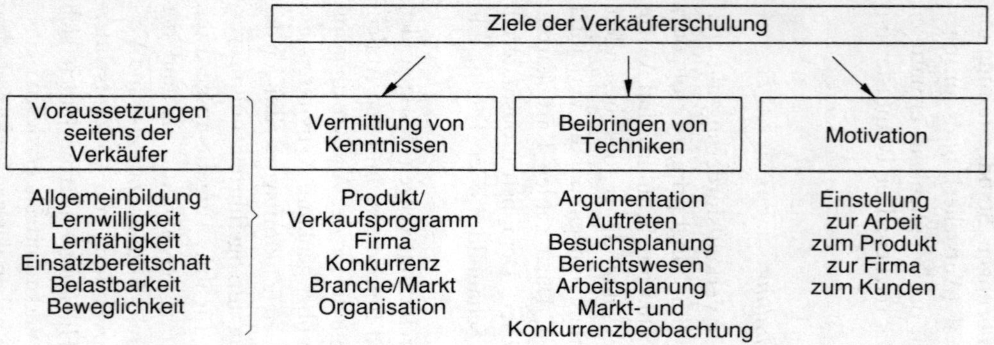

Bild 1.4 Ziele der Verkäuferschulung

meinwissen zu vermitteln und Hilfestellung in der Persönlichkeitsentwicklung zu geben (Bild 1.4).

Das Vorgehen

Eine erfolgreiche Verkaufsförderungskampagne ist das Ergebnis sorgfältiger Planung und Überlegungen, wobei verschiedene Schritte notwendig sind:

Zuerst das Problem definieren, für das durch Verkaufsförderungsmaßnahmen eine Lösung gefunden werden soll: Beispiel: Ein Konkurrent hat durch eine bestimmte Maßnahme Wettbewerbsvorteile errungen. Was ist zu tun?

Dann das zu erreichende Ziel festlegen und alle Beteiligten auf die Erreichung dieses Zieles einschwören.

Kompetenzen und Zuständigkeiten werden festgelegt.

Ein entsprechendes Budget ist zu fixieren, denn ohne Geld geht es nun mal nicht.

Der zündende Gedanke, die tragende Idee (Unique Selling Proposition) muß gefunden werden. Darum herum wird die ganze Aktion aufgebaut.

Geeignete Maßnahmen sind zu erarbeiten, die Werbemittel und Werbeträger auszuwählen.

Ein Zeit- und Ablaufplan wird erstellt, am besten mit Hilfe eines Netzplanes.

Ein letztes Überprüfen (zu gut deutsch: check-up) vor Abfahren der Kampagne; Präsentation vor der Geschäftsleitung, und dann kann's losgehen. Nach der Kampagne sollte eine Prüfung im Detail festhalten, welche Ergebnisse die Aktion gebracht hat.

Fazit:

Erfolgreiche Verkaufsförderung ist nicht einfaches Produkt eines schöpferischen Augenblicks. Sie ist das Ergebnis sorgfältiger Planung und Überlegung, gefolgt von einer exakten Durchführung. Die Knüpfung und Aufrechterhaltung des Kontaktes zu den Abnehmern, die Unterstützung der Händler in ihren Verkaufsbemühungen und die ständige Schulung der eigenen Verkäufer sind die tragenden Elemente erfolgreicher Verkaufsförderung. Ob es zweckmäßig ist, eine spezielle Abteilung einzurichten, oder ob die Aufgaben der Verkaufsförderung durch die Verkaufsabteilung, Werbeabteilung oder die PR-Abteilung wahrgenommen werden, hängt von der Betriebsgröße und den organisatorischen Gegebenheiten des Unternehmens ab. Wesentlich ist, daß die Verkaufsförderung als Marketinginstrument neben anderen in die Gesamt-Marketingkonzeption integriert werden muß.

Gezielte Produktpolitik

Jedes Produkt – ob Zahnpasta, Auto oder Werkzeugmaschine – durchläuft in seinem «Leben», seinem Vorhandensein am Markt, verschiedene Phasen. Dieser sogenannte Lebenszyklus der Produkte wird bestimmt durch die Höhe der Nachfrage, die Umsatz- und Gewinnentwicklung und die Konkurrenzsituation. Voraussetzung für eine gezielte Produktpolitik und den Einsatz der verschiedenen Marketinginstrumente bildet die Kenntnis darüber, in welcher Phase sich das betreffende Produkt gerade befindet.

Der Lebenszyklus

Der Lebenszyklus läßt sich grundsätzlich in Form einer Glockenkurve darstellen, wobei die verschiedenen Phasen Veränderungen in der Marktsituation ausdrücken. Man unterscheidet fünf Stufen (Bild 1.5):

- ☐ Einführung,
- ☐ Wachstum,
- ☐ Reife,
- ☐ Sättigung,
- ☐ Rückgang.

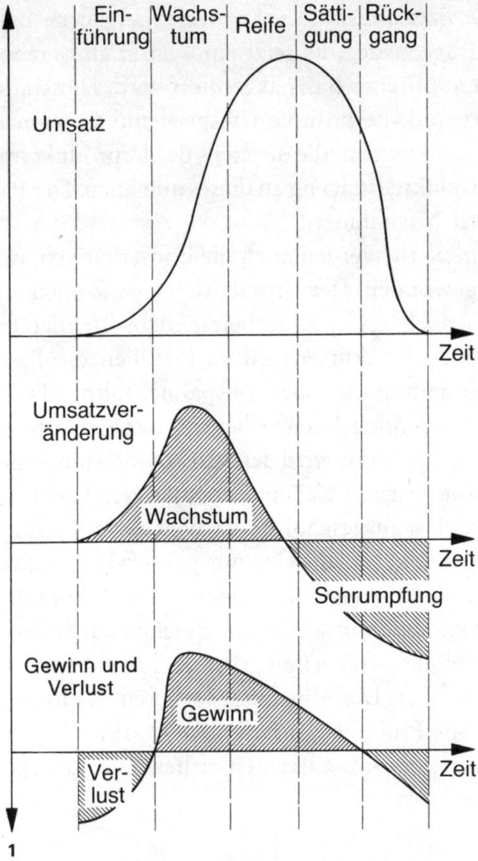

Bild 1.5 Produkt-Lebenszyklus

In der Einführungsphase eines neuen Produkts kommt es entscheidend darauf an, den Marktdurchbruch zu erzielen. Es gilt, erhebliche Marktwiderstände zu überwinden, da zu Anfang nur aufgeschlossene, neuerungswillige und risikofreudige Abnehmer zu gewinnen sind. In der Einführungsphase hat der Pionierunternehmer mit seiner Produktneuerung einen Wettbewerbsvorsprung und damit eine monopolähnliche Stellung. Die Werbung spielt hier eine entscheidende Rolle.

Die Wachstumsphase ist gekennzeichnet durch einen stürmischen Nachfrageanstieg. Es setzt ein wahrer Umsatzboom ein, da das Produkt auf breiter Basis akzeptiert wird. Der stark expandierende Markt und die positive Umsatz- und Gewinnentwicklung locken Konkurrenten an, die meistens das Urprodukt imitieren und sich in der Produktgestalt eng an dieses anlehnen. Der Pionierunternehmer findet Nachahmer.

In der *Reifephase* werden auch die konservativen, noch zögernden Käufer gewonnen. Der Umsatz steigt zwar noch erheblich an, nähert sich jedoch gegen Ende bereits dem Wendepunkt. Infolge des wachsenden Konkurrenzdrucks verfallen die Preise, was zu einer Verminderung der Gewinnspanne führt, da die meisten Rationalisierungsmöglichkeiten bereits ausgeschöpft sind.

In der *Sättigungsphase* wird der Marktwiderstand immer größer. Neue Substitutionsgüter ziehen die bisherigen Nachfrager ab. Das Marktpotential ist ausgeschöpft; der Wettbewerb verlagert sich auf die Qualitätspolitik, weil die Gewinnspannen bereits so gering sind, daß eine Preiskonkurrenz nicht mehr in Frage kommt.

Im *Rückgangsstadium* stehen alle Zeichen auf Sturm. Die Nachfrage läßt sprungartig nach und geht zunehmend auf neue Substitutionsprodukte über. Die Abnehmer verlieren das Interesse am nun bereits «alten» Produkt. Auf diesem Markt werden nur noch Verluste erzielt; die Konkurrenten ziehen sich zurück.

Analyse

Um rechtzeitig geeignete Maßnahmen einleiten zu können, muß festgestellt werden, in welcher Phase seines Lebenszyklus sich das Produkt befindet. Dies wird auch für die Beurteilung der «Lebensberechtigung» eines Produkts entscheidend sein. Die systematische und sorgfältige Beobachtung der verschiedenen Indikatoren zeigt an, in welchem Stadium des Lebenszyklus sich das Produkt befindet. Erster Ansatzpunkt kann die Untersuchung der drei Größen Umsatz, Umsatzveränderungsrate sowie Gewinn und Verlust sein (Bild 1.5).

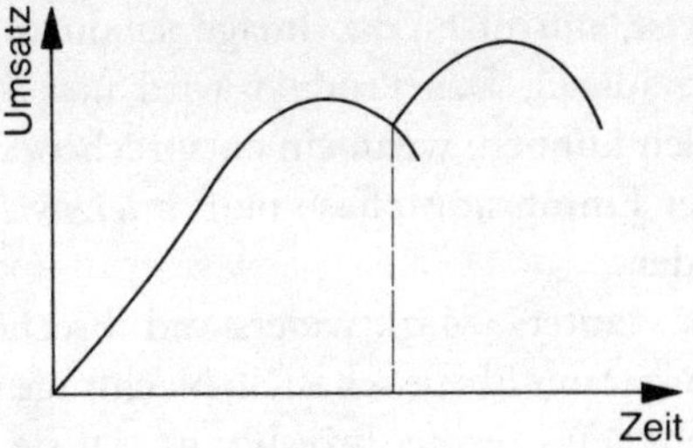

Bild 1.6 Verlängerung des Lebenszyklus

Schwachstellenkatalog

Produkte, die sich in der Phase der Schrumpfung befinden, werden einer eingehenden Prüfung anhand eines Schwachstellenkatalogs unterworfen.

Dieser stellt fest den:

- ☐ Absatztrend,
- ☐ Trend des Marktanteils,
- ☐ Preistrend,
- ☐ Trend des Deckungsbeitrags.

Die systematische Durchforstung des Produktionsprogramms muß aber auch die Überprüfung der Wiederbelebungsmöglichkeiten umfassen. Danach sind geeignete Aktivierungsmaßnahmen zu untersuchen. Die Gegenüberstellung der Kosten und der Ertragserwartung dieser Maßnahmen wird bestimmend dafür sein, ob man sich für die Durchführung dieser Maßnahmen entscheidet oder ob das Produkt aus dem Programm ausgeschieden wird.

Marketingmaßnahmen

Die Marketingmaßnahmen müssen gezielt auf die Besonderheiten der fünf Phasen im Lebenszyklus ausgerichtet sein. Nur dann wird sich der Einsatz des Marketingmix lohnen. Bereits in der Einführungsphase sollte das Produkt technisch ausgereift und marktreif sein. Sind noch Fehler vorhanden, sind sie durch kulantes Verhalten zu kompensieren, um nicht das Image schon in diesem frühen Stadium zu schädigen. Das Produkt wird nur dann erfolgreich abgesetzt werden können, wenn ein entsprechender Service geboten wird. In der Einführungsphase muß intensiv für das Produkt geworben werden.

Die Aufgabe lautet: Marktwiderstand brechen, Produktbekanntheit auf breitester Ebene schaffen, Nachfrage aktivieren. Hier ist die Werbung eine echte Investition, da sie weit über die Einführungsphase hinaus Personen an das Produkt heranführt und an dieses bindet. In der Wachstumsphase liegt das Schwergewicht der Werbung auf der Vertiefung des Markts und der Erhöhung des Marktvolumens. Der Wettbewerb wird nun über Preis, Lieferfähigkeit und Service ausgetragen. Neben den Preis treten als bedeutsame wettbewerbspolitische Instrumente günstige Liefer- und Zahlungsbedingungen sowie zuverlässiger Kundendienst.

Diversifikation

Bereits in diesem Stadium sollte ein Entwicklungsprojekt für die Einführung eines Diversifikationsprodukts auf die Startrampe geschoben werden. Dieses Produkt braucht nicht vollkommen «neu» zu sein, sondern kann eine Verbesserung oder eine sinnvolle Variation darstellen. Es soll zu gegebener Zeit den Umsatzrückgang des jetzigen Erzeugnisses auffangen oder aufschieben (Bild 1.7).

Nur mit einem solchen Markterneuerungsprogramm, wonach

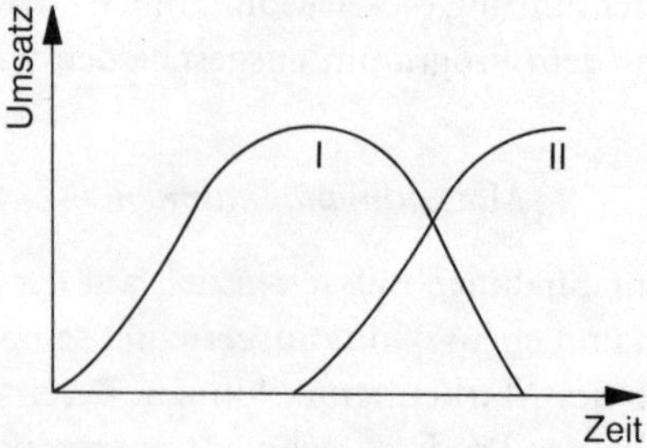

Bild 1.7 Produkt-Neuentwicklung

neue Produkte systematisch auf dem Vorhandenen aufgebaut werden, läßt sich eine kontinuierliche Entwicklung von Umsätzen und Gewinnen sicherstellen.

Differenzierung

In der Reifephase setzt ein scharfer Konkurrenzkampf ein. Die Werbung ist ein bedeutsames Marketinginstrument in dieser Phase und hat die Aufgabe, die eigenen Produkte gegenüber dem Konkurrenzangebot zu differenzieren. Es gilt, sich so klar wie möglich von den Wettbewerbern zu distanzieren und die vorhandene Nachfrage zur eigenen Marke zu lenken. Ein weiteres wirksames Mittel zur Differenzierung ist die Abrundung der bisherigen Produkte durch verschiedene Produktvarianten. Ein anschauliches Beispiel hierfür ist die Modellpolitik einiger großer Automobilhersteller. Spätestens zu diesem Zeitpunkt muß an die Entwicklung eines neuen Produkts und den Aufbau eines neuen Marktes gegangen werden. Neben der Einführung von Diversifikationsprodukten wird versucht, neue Verwendungsmöglichkeiten aufzutun und damit neue Abnehmerkreise für die einzelnen Erzeugnisse zu erschließen. Auch Verkaufsförderungsmaßnahmen, wie Preisausschreiben, Direktwerbekampagnen und PR-Veranstaltungen, kennzeichnen das Bemühen, Präferenzen für das eigene Angebot zu schaffen.

Erschließung neuer Märkte

In der Sättigungsphase verschärft sich der Konkurrenzkampf weiter. Der Kampf um Marktanteile beginnt, denn das Marktpotential ist weitgehend ausgeschöpft. Gerade diese Situation ist heute auf vielen Märkten anzutreffen. Sie ist jedoch kein Naturereignis, dem das Unternehmen hilflos ausgeliefert wäre. Dagegen gibt es zwei strategische Ansatzpunkte:

- ☐ der Ersatz des stagnierenden Produkts durch eine Neuentwicklung (Bild 1.7),
- ☐ Verlängerung des Lebenszyklus durch Erschließung neuer Märkte (Bild 1.6).

Neue Verwendungsmöglichkeiten für längst bekannte Produkte schaffen neue Wachstumsimpulse. Die Chance der Erschließung neuer Märkte, etwa durch die vielfach unausgeschöpften Möglichkeiten des Exportgeschäfts, muß wahrgenommen werden.

Befindet sich ein Produkt erst einmal in der letzten Phase seines Lebenszyklus, in der Rückgangsphase, so gilt unbedingt: Lieber ein Ende mit Schrecken, als ein Schrecken ohne Ende! Denn jede Investition und jedes Verbleiben am Markt vergrößert die Verluste. Nur die konsequente, unsentimentale Eliminierung des alten Produkts entspricht wirtschaftlichem Denken und Handeln.

Fazit:

Produktanpassung ist eine Daueraufgabe und ein wirksames absatzpolitisches Instrument zur Verlängerung der Lebensdauer von Produkten. Voraussetzung ist die sorgfältige Beobachtung der Produktzyklen und die ständige Analyse des gesamten Produktionsprogramms. Dazu muß die Bereitschaft der Unternehmensleitung kommen, Ballast abzuwerfen und alte Produkte geplant und ohne Sentimentalität zu eliminieren und durch gezielte Neuplanungen zu ersetzen.

Marketingorganisation

Marketing wirksam organisieren ist eine Aufgabe der Unternehmensführung. Das erschöpft sich jedoch nicht in der Umbenennung der bisherigen Verkaufsabteilung in eine Marketingabteilung, in der Installierung eines hochbezahlten Marketingmanagers oder der kritiklosen Übernahme irgendeines vielgepriesenen Organisationssystems, das gerade «in» ist. Es erfordert vielmehr die sorgfältige Durchdringung der Struktur des Unternehmens, seiner Märkte, seiner Kunden, seiner Konkurrenten, um dann diejenige Organisationsform zu realisieren, die diesen Gegebenheiten am besten entspricht.

Voraussetzungen

Um das Marketing im Unternehmen möglichst effizient zu organisieren, müssen einige wesentliche Grundregeln beachtet werden. Erster und wichtigster Grundsatz ist die klare Ansiedlung der für das Marketing zuständigen Stelle oder Abteilung an einer bestimmten Stelle der Unternehmenshierarchie. Dazu gehört die genaue Fixierung der Aufgaben und die klare Abgrenzung der Kompetenzen. Marketing kann als Stabs- oder Linienabteilung eingerichtet werden. Wenn die Marketingabteilung z. B. die volle Umsatz- und Gewinnverantwortung trägt, dann muß sie auch über alle Instrumente der Marktbeobachtung (Marktforschung) und Marktbeeinflussung (Werbung, Verkaufsförderung, Verkauf) verfügen können. Marketing kann als Stabsabteilung nur funktionieren, wenn sich alle Linienabteilungen an die Empfehlung der Stabsabteilung Marketing halten, wenn z. B. die Unternehmensführung dafür sorgt, daß die Empfehlungen «ihrer» Stabsabteilung in die Tat umgesetzt werden. Völlig falsch jedoch ist es, neben bestehenden Einzelbereichen des Marketings (z. B. Verkauf, Werbung) eine Marketingabteilung als Stabsabteilung der Geschäftsleitung oder des Verkaufs ohne ausreichende Kompetenzen oder Durchsetzungsmöglichkeiten einzurichten. Das ist zwar sehr häufig in der Praxis der Fall, weil es eben die einfachste Lösung ist, ohne bestehende Strukturen und Hierarchien zu verändern. Meist wundern sich dann aber alle Beteiligten, daß die mit viel Begeisterung begonnene Marketingidee nicht zum Tragen kommt. Die Marketingorganisation ist möglichst flexibel zu gestalten, um auf die sich rasch wandelnden Verhältnisse schnell und wirksam reagieren zu können.

Organisationsformen

Einige wesentliche Anforderungen an eine wirksame Marketingorganisation seien an folgenden zwei typischen Organisationsformen dargestellt. Die erste ist ein in Deutschland noch häufig anzutreffender Organisationstyp, wonach zahlreiche Funktionsbereiche des Unternehmens ohne ausreichende gegenseitige Abstimmung auf die Abnehmer Einfluß nehmen. Diese Form wird kaum die einheitliche Ausrichtung des Unternehmens auf dem Markt sichern (Bild 1.8).

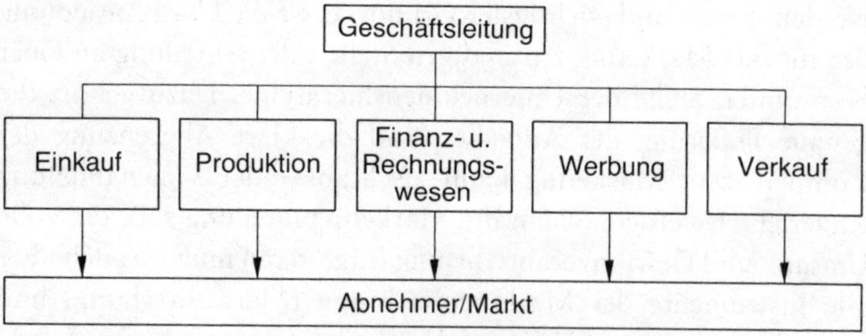

Bild 1.8 Konventionelle Organisationsform

Im marketingorientierten Organisationskonzept ist eine starke Marketingabteilung die maßgebliche Koordinationsstelle für alle kundenorientierten Aktivitäten. Alle marktbeeinflussenden Funktionsbereiche, wie Marktforschung, Marketingplanung, Produktpolitik, Werbung, Vertrieb, Verkaufsförderung, sind in der Marketingabteilung zusammengefaßt (Bild 1.9). Wichtig ist jedoch die reibungslose Zusammenarbeit des Marketings mit den anderen

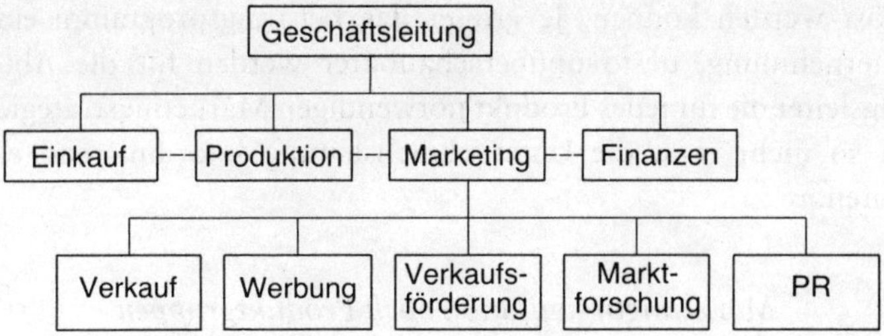

Bild 1.9 Marketingorientierte Organisationsform

Unternehmensbereichen. Die wirksame Abstimmung der Maßnahmen mit der Finanzabteilung, dem Einkauf, der Produktion, der Forschung und Entwicklung usw. setzt ein gutfunktionierendes Kommunikationssystem voraus.

Obwohl in der Praxis unzählige Varianten verschiedenster Organisationstypen anzutreffen sind, die mehr oder weniger auf die speziellen Gegebenheiten des jeweiligen Unternehmens zugeschnitten sind, lassen sich doch drei Grundformen der Marketingorganisation aufzeigen.

Funktionale Organisationsstruktur

Sie wird hauptsächlich von kleinen Unternehmen angewandt, die eine begrenzte Anzahl von Produkten auf kleinen, leicht überschaubaren Märkten verkaufen. Die Aufgaben sind nach verschiedenen Funktionen verteilt, nach Marktforschung, Werbung usw. Der Vorteil dieser Organisationsform ist es, an jeder Stelle Spezialisten einsetzen zu können, wodurch generell eine qualifizierte Aufgabenerfüllung gewährleistet wird. Der Nachteil dieser Organisationsform liegt jedoch in den Koordinationsschwierigkeiten der einzelnen Abteilungen. Umfaßt das Herstellungsprogramm mehrere Produkte oder Produktgruppen, besteht für die einzelnen Abteilungen die Schwierigkeit, sich für jedes dieser Produkte auf eine einheitliche Marketingstrategie zu einigen. Eine befriedigende Koordination zwischen den verschiedenen Funktionsbereichen ist nur möglich, wenn der Betrieb klein ist und die Probleme im Team gelöst werden können. Je größer das Leistungsprogramm einer Unternehmung, desto unüberschaubarer werden für die Abteilungsleiter die für jedes Produkt notwendigen Marketingstrategien, um so mehr muß die Unternehmensleitung koordinierend eingreifen.

Marketingorganisation nach Produktgruppen

Die Marketingabteilung kann auch nach Produktgruppen gegliedert sein. Die Produktspezialisierung bietet den großen Vorteil, daß jedem Produkt die gebührende Aufmerksamkeit gewidmet wird. Das Produkt oder die Produktgruppe steht im Vordergrund, so daß den Abnehmerwünschen, angefangen von der Produktentwicklung bis hin zum Kundendienst, voll entsprochen werden kann. Diese Organisationsform bewährt sich am besten dort, wo die Produktarten so kompliziert sind, daß sie nur von Verkäufern mit Produktspezialkenntnissen (Verkaufsingenieuren) gemanagt werden können. Die wirtschaftlich weitgehend selbständigen Produktbereiche sind voll gewinnverantwortlich, was eine motivierende und stimulierende Wirkung hat. Der Nachteil der Marketingorganisation nach Produktgruppen liegt darin, daß viele Tätigkeiten parallel laufen. Häufig bereisen Verkäufer der gleichen Firma mit verschiedenen Produkten das gleiche Gebiet – oder besuchen sogar die gleichen Kunden. Konkurrieren verschiedene Produkte des gleichen Unternehmens miteinander, so kann dies zu Konflikten, Reibungen und Rivalitäten unter den einzelnen Gruppen führen.

In der Praxis wird man die rein produktorganisierte Marketingorganisation kaum antreffen. Meist werden einzelne Funktionen zentral wahrgenommen, so z. B. die Marktforschung oder der Einkauf, und nur die reine Verkaufstätigkeit der Produktgruppen ist voneinander getrennt. Oft wird aus dem Gesamtinteresse des Unternehmens heraus ein gemeinsames Vorgehen bei der Werbung oder im Einkauf zweckmäßig sein. In diesem Fall muß von einer übergeordneten Instanz festgelegt werden, welche Produktgruppen in welchem Maße berücksichtigt werden (Setzen von Prioritäten, Koordination).

Regionale Marketingorganisation

Bei regionalen Marketingorganisationen wird der Markt in verschiedene Verkaufsgebiete unterteilt, die jeweils einem verantwortlichen Gebietsmanager unterstellt werden. Er ist für das Marketing aller Produkte verantwortlich, die seiner Region angeboten werden. Eine Ausrichtung auf das Marketing des Stammhauses muß trotzdem gegeben sein. Der Vorteil dieser Organisationsform liegt darin, daß der Verkaufsleiter und seine Mitarbeiter sich zu Experten im regionalen Markt entwickeln und so optimal das Verkaufspotential des Gebietes ausschöpfen können. Die regionale Marketingorganisation kommt für solche Unternehmen in Betracht, die ein ausgedehntes Absatzgebiet haben und beispielsweise ihre Produkte in verschiedenen Ländern verkaufen. Man findet diese Form besonders häufig bei multinationalen Großunternehmen.

Das Produktmanagement

Das Produktmanagementsystem ist eine Organisationsform, die immer mehr Eingang auch in deutschen Firmen findet (Bild 1.10).

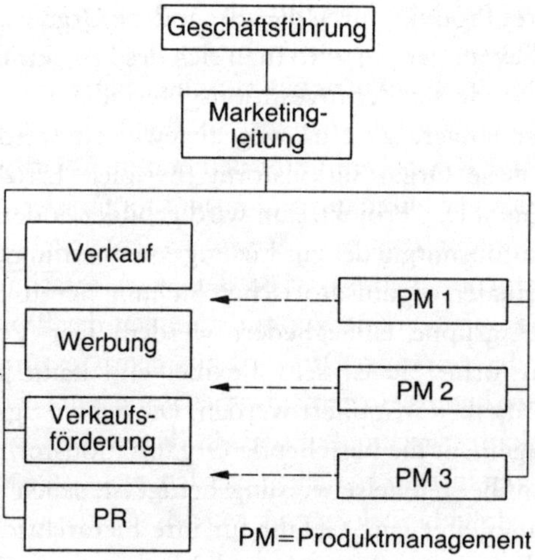

Bild 1.10 Das Produktmanagementsystem

Dabei wird die Verantwortung für die Betreuung eines Produktes in Stabsfunktion einem einzelnen qualifizierten Leiter, dem Produktmanager, übertragen. Dieser hat die Aufgabe, die verschiedenen Marketingmaßnahmen zum Erfolg des Produktes zu koordinieren und zu steuern. Er setzt Ziele, erarbeitet detaillierte Aktionspläne, koordiniert die Tätigkeit der verschiedenen Abteilungen und kontrolliert schließlich die erzielten Ergebnisse. Das Dilemma des Produktmanagers: Er hat zwar die Verantwortung für den Erfolg eines betreuten Produktes, kann den einzelnen ausführenden Abteilungen jedoch keine Weisungen erteilen. Die Werbeabteilung bleibt für die Werbung verantwortlich, die Verkaufsabteilung für den Absatz des Produktes. Der Produktmanager kann somit seine schwierige Funktion nur durch hervorragende Fachkenntnisse, überragende Führungsqualitäten und durch eine hohe Überzeugungskraft erfüllen. Das Produktmanagementsystem ist eine schwer zu handhabende Organisationsform, die nur in den Unternehmen funktionieren kann, in denen marktorientiertes Denken und Handeln zur Selbstverständlichkeit gehören.

Das Projektmanagement

Ist ein größeres Produkt durch die vorhandene Organisationsstruktur nicht zu bewältigen, so wird man sich des Projektmanagements bedienen. Besonders in der Investitionsgüterindustrie, in der Großprojekte über längere Zeit hinweg abgewickelt werden müssen, findet man diese Organisationsform (Beispiel: Errichtung einer Industrieanlage). Das Projektteam wird gebildet, indem die einzelnen Organisationsmitglieder zur Lösung einer bestimmten Aufgabe aus ihrer normalen organisatorischen Stellung herausgezogen und in die Projektgruppe eingegliedert werden. Der Vorteil dieser Organisationsform: Sie ist sehr flexibel und kann jederzeit für besondere Aufgaben installiert werden. Die Schwierigkeit: Da das Projektmanagement die bestehende Organisationsform überlagert und ihr gegenüber teilweise weisungsbefugt ist, sehen die «bestallten» Abteilungsleiter eine Gefahr für ihre hierarchische Stellung. Man befürchtet einen Prestige- und Machtverlust. Trotz dieser Schwierigkeiten hat diese Organisationsform gerade in großen, inflexiblen Unternehmen mit weitgehend erstarrten Organisationsstrukturen ihre unbestreitbaren Vorteile.

Fazit:

Organisation muß sein, besonders im Marketing. Aber auch im Marketing gibt es nicht das Idealrezept. Entscheidend ist, daß das jeweilige Unternehmen die ihm gemäße Organisationsform findet und realisiert.

Kapitel 2

FRAGEN AN DEN MARKT DATENGEWINNUNG DURCH MARKTFORSCHUNG

Begriffe und Methoden aus der Marktforschung

Marktforscher im Betrieb haben es oft schwer, sich verständlich zu machen und verstanden zu werden. Die spezielle Marktforschungsterminologie ist für den Nichtbeteiligten ein ähnliches Kauderwelsch wie die Sprache der EDV-Spezialisten oder der Elektroniker. Da werden Begriffe wie Folder, Apperzeption, Life-Style verwendet; man arbeitet mit dem Tachistoskop, ermittelt Korrelationskoeffizienten und präsentiert schließlich mit Hilfe eindrucksvoller «Chards».

Die Vielfalt der Spezialbegriffe weist deutlich aus, daß die Marktforschung eine interdisziplinäre Wissenschaft ist, in der Volkswirtschaft, Betriebswirtschaft, Statistik, Soziologie und Psychologie zusammenwirken. Trotz der offensichtlichen Vielfalt bedient sich die Marktforschung häufig einiger Standarduntersuchungsmethoden mit genau definierbaren Inhalten und Vorgehensweisen. Hinzu kommen allgemeine Grundsätze der Marktforschung, die zusammen mit den wichtigsten Untersuchungsmethoden im folgenden kurz dargestellt werden – als Orientierungshilfe für den Gesprächspartner des Marktforschers im Betrieb.

Allgemeine Grundsätze

Marktforschung ist stets systematische, objektive und schöpferische Informationsbeschaffung aller relevanten Faktoren, die zur Vorbereitung von Entscheidungen benötigt werden.

Das wichtigste Gebot der Marktforschung ist daher die systematische Vorgehensweise mit Hilfe abgesicherter Untersuchungsmethoden. Dies ist deshalb so wichtig, weil die Ergebnisse der Marktforschungsanalysen oft Grundlage für wichtige Entscheidungen sind. Falsche Ergebnisse führen über Fehlinterpretationen schließlich zu Fehlentscheidungen. Die sorgfältige Auswertung der Daten ist deshalb besonders wichtig. Die Ergebnisse müssen verständlich dargeboten werden und auf die jeweilige Problemlösung zugeschnitten sein. Ist dies nicht der Fall, so bleiben die Ergebnisbände des Marktforschers reine Zahlenfriedhöfe, die ungenutzt in der Schublade verschimmeln.

Marktforschung sollte immer den Spezialisten überlassen werden. Eine der wichtigsten Aufgaben des betriebsinternen Marktforschers ist die Erarbeitung des briefings, die Fixierung der Aufgabenstellung. Dazu hat er ständig den Kontakt zum Marktforschungsinstitut zu halten und muß als Auftraggeber ein gewichtiges Wort bei der Auswahl der Stichprobe und der Erstellung des Fragebogens mitreden. Marktforschung gut vorbereitet spart Zeit und Geld.

Das Panel

ist ein repräsentativer, gleichbleibender Kreis von Verbrauchern. Die Teilnehmer führen regelmäßig und peinlich genau Aufzeichnungen über ihre Einkäufe oder werden in periodischen Abständen von Interviewern befragt. Beim sog. Pantry-Check wird die Vorratskammer durchleuchtet und eine Bestandsaufnahme der Vorräte bei den Panel-Mitgliedern gemacht. Die Mülleimerkontrolle (natürlich mit Zustimmung der Panel-Mitglieder) soll zusätzlich Aufschluß über den Verbrauch erbringen.

Die Vorteile des Panels liegen auf der Hand: Es gibt genauen Aufschluß über die Kaufgewohnheiten und deren Veränderungen.

Auch der Lebenshaltungsindex wird durch Panelerhebungen festgestellt. Dabei werden die Preise für ein bestimmtes Angebot an Waren und Dienstleistungen – der sog. Warenkorb – in regelmäßigen Abständen ermittelt. Durch ein Panel kann man u. a. feststellen, wie groß die Markentreue zu einem bestimmten Produkt ist, in welchem Rhythmus Produkte gekauft werden, wo die Käufe getätigt werden und welchen meßbaren Effekt Werbeanstrengungen gehabt haben.

Die Gefahren für das Panel liegen im sog. Panel-Effekt: Das Verhalten der Panel-Mitglieder ist nicht mehr natürlich. Dies kann durch Gewöhnung oder durch gesteigertes Interesse sein, denn man wird viel aufmerksamer und bewußter seine Ausgaben verfolgen, wenn man sie regelmäßig notieren muß.

Tiefeninterviews

sind dann notwendig, wenn unbewußte Handlungen, Verhaltensweisen und Motive aufgedeckt werden müssen. Durch die direkte Fragestellung würden vordergründige, rationale Gründe für ein Verhalten genannt werden. Vordergründig geäußerte Motive sind aber meist für die Handlung nicht ausschlaggebend.

Tieferliegende und die eigentlich entscheidenden Motive, wie beispielsweise Geltung, Prestige, werden in den seltensten Fällen durch direktes Fragen zu ermitteln sein. Hier helfen nur analytische, psychologische Fragen weiter.

Tiefeninterviews werden meist mit wenigen Personen durchgeführt, weil sie sehr teuer sind und nur von besonders spezialisierten Psychologen beherrscht werden. Der Vorteil dieses Verfahrens sind spontane Antworten, die Aufschluß über Präferenzen, Meinungen, Motive und Ursachen geben. Demgegenüber steht der Nachteil, daß das so erlangte Datenmaterial durch die kleine Anzahl der Fälle und durch die Verschiedenartigkeit der Antworten nicht quantifizierbar ist, das heißt nicht in Prozentzahlen ausgedrückt werden kann.

Werbeforschung

Die Werbeforschung nimmt einen breiten Raum in der Marktforschung ein. Gegenstand der Untersuchung kann sein das einzelne Werbemittel, z. B. die Anzeige, der Werbeträger, z. B. die Tageszeitung, oder der Erfolg der Werbung selbst.

Die Werbemittelforschung gibt Aufschlüsse über die Wirkung der einzelnen Werbemittel. Sie gibt Antwort auf die Frage, was man in der Werbung am besten sagt und wie man es am besten sagt. Die Wirkung von Anzeigen kann dadurch getestet werden, indem man feststellt, welche Anzeigen und welche ihrer Inhalte und Teile wahrgenommen werden. Durch Vorlage von Originalzeitschriften wird erfragt, welche Anzeigen der Betreffende gesehen und an welche Teile der Anzeige er sich erinnern kann (Copytest).

Meist werden kleine, fest abgegrenzte Befragungsgruppen zu solchen Tests herangezogen. Ziel der Untersuchung ist es, herauszufinden, welche Elemente eines Werbemittels den Konsumenten ansprechen und wie die einzelnen Werbemittel das Kaufverhalten beeinflussen. Man geht dabei von der Annahme aus, daß ein enger Zusammenhang zwischen der Aufmerksamkeitswirkung und dem Erfolg eines Werbemittels besteht. Oft wird versucht, die einzelnen subjektiven Eindrücke zu erfassen, die mit dem Betrachten eines Werbemittels verbunden sind.

Mit der Werbeträgerforschung, auch Media-Forschung genannt, werden wichtige Strukturmerkmale der Werbeträger ermittelt. Bei Leseranalysen wird systematisch erforscht, wieviel Leser eine Zeitschrift insgesamt hat (Reichweite), wer die einzelnen Leser sind, welchen soziologischen Schichten sie zugeordnet werden können, wie ihre Lesegewohnheiten sind und wie häufig und intensiv sie die einzelnen Publikationen nutzen. Auch qualitative Faktoren wie die Einstellung zu dem jeweiligen Werbeträger und dessen Einschätzung können gemessen werden. Mit Hilfe des Audimeters und anderer Registriergeräte wird bei einem repräsentativen Bevölkerungsquerschnitt die Nutzung des Fernsehens erhoben.

Bei der Werbeerfolgskontrolle geht es um die nachträgliche Feststellung der Werbewirkung von Werbemitteln und Werbeträgern. Gemessen werden kann beispielsweise die Zahl der Personen, die eine Werbung gelesen, gesehen oder gehört haben. Diese sog. Rekognitionsverfahren (Wiedererkennung), Gedächtnistests und Bewertungsanalysen sind ein Versuch, den Erfolg der Werbung abzuschätzen. Enthält eine Anzeige einen Kupon, so kann man anhand der eingesandten Abschnitte abschätzen, wie groß die Aufmerksamkeit und das Interesse für das jeweilige Angebot war.

Es kann also festgestellt werden, inwieweit die Werbebotschaft das Aufmerksamkeits- und Erinnerungsvermögen angesprochen hat. Einzelne Werbeelemente der Werbebotschaft können abgeschätzt werden, so beispielsweise ihre Sinneswirkung, die Gefühlswirkung und die Willenswirkung.

Das Ziel solcher Analysen sind eine bessere Kontrolle der Werbekosten sowie die richtige Verteilung des Werbeetats auf die einzelnen Werbeträger. Nachträglich kann durch die Ergebnisse solcher Analysen der Einsatz der Werbemittel und der Werbeträger optimiert und Entscheidungsgrundlagen für die Werbe- und Marketingstrategie gewonnen werden.

Marken- und Verpackungstests

sind besonders bei Markenartikeln und hochwertigen Verbrauchsgütern notwendig. Es sind meist moderne, psychologische Testverfahren. Beim Polaritätentest müssen beispielsweise gegensätzliche Begriffspaare einer Sache zugeordnet werden. Der Test führt zu deutlich abgegrenzten Profilen der einzelnen Produkte. Ergänzt wird dies dadurch, daß verschiedene Assoziationen zu einem Produkt abgefragt werden. Ziel ist es, Marke, Name und Verpackung abzutesten. Wichtiger Bestandteil von Verpackungstests ist das Experiment in der Schnellgreifbühne, wobei die Testperson aus gleichen Angeboten innerhalb Sekundenbruchteilen das heraussuchen muß, das der vorgegebenen Aufgabe am ehesten entspricht. So können einzelne Verpackungseindrücke abgetestet werden.

Preistests

Bei Preistests müssen einem Produkt unterschiedliche Preise zugeordnet werden. Durch diese Verfahren soll der «optimale» Preis ermittelt werden, kaufanregende oder hemmende Wirkungen der Verpackung gefunden und der Grad der Verankerung eines Markennamens im Verbraucherbewußtsein aufgedeckt werden. Ergebnis dieser Tests sind meist absatzpolitische Entscheidungsgrundlagen für die Gestaltung der Produkte, die Fixierung des Preises und die endgültige Gestaltung der Packung.

All diese Produkttests werden von hochspezialisierten Instituten durchgeführt und sind meist sehr teuer.

Fazit:

Das Verständnis für die Marktforschung ist ohne die Kenntnis einiger grundlegender Begriffe und Untersuchungsmethoden und deren Bedeutung für die Entscheidungsfindung nur sehr schwer möglich. Sich von solchen Begriffen nicht verblüffen zu lassen, sondern zu wissen, welche Verfahren sich dahinter verstecken und was die Vor- und Nachteile sind, ist für den Partner des Marktforschers genauso wichtig wie für diesen selbst.

Marktforschung – aber wie?

Die Zeit, in der die Unternehmen ausschließlich aufgrund des berühmten «unternehmerischen Fingerspitzengefühls» geführt wurden, gehört der Vergangenheit an. Die Gründe hierfür liegen in der zunehmenden Differenzierung der Märkte, dem verschärften Konkurrenzdruck und der wachsenden Schwierigkeit, Marktlücken für neue erfolgreiche Produkte zu finden. Die Unternehmensleitung braucht zuverlässige Informationen über das eigene Unternehmen und über den Markt, will sie richtige Entscheidungen treffen. Diese dringend benötigten Daten zu beschaffen, ist Aufgabe der betrieblichen Marktforschung.

Die Aufgabe der Marktforschung erschöpft sich jedoch nicht nur im reinen Beschaffen, Selektieren und Sammeln von Daten. Wichtiger, aber auch ungleich schwieriger, ist das richtige Zusammenstellen, das Aufbereiten und die entsprechende Interpretation des gesammelten Materials. Erst nach erfolgter «Veredelung» des rohen Informationsstoffes ist ein Marktforschungsbericht aussagefähig und kann als Entscheidungshilfe herangezogen werden.

Arten der Marktforschung

Die Theorie unterscheidet, wie so oft, verschiedene Arten der Marktforschung. Im Rahmen der empirischen Sozialforschung gibt es die bekannte *Demoskopische Marktforschung* (von griech. demoskopein = auf das Volk schauen). Untersuchungsgegenstand ist das Verhalten des Menschen oder ganzer Gruppen von Menschen. Das bekannteste und älteste demoskopische Institut ist das Institut für Demoskopie (IfD) in Allensbach; berühmtes Beispiel für demoskopische Marktforschung: Wahlprognosen aufgrund von Umfragen in der Bevölkerung.

Für die Marktforschung im Rahmen der empirischen Wirtschaftsforschung ist das Kunstwort *Ökoskopische Marktforschung* geprägt worden (von griech. oikoskopein = auf Dinge schauen). Untersucht werden «Dinge», also nicht das Verhalten, das Handeln des Menschen (Demoskopie), sondern das *Ergebnis* seines Handelns. So ist volkswirtschaftliche Marktforschung meist ökoskopisch, indem sie beispielsweise die Preise und Mengen bestimmter Produkte, die Höhe des Volkseinkommens oder die getätigten Investitionen betrachtet. Bekannte Institute, die sich vorwiegend ökoskopischer Verfahren bedienen, sind das «Deutsche Institut für Wirtschaftsforschung» und das «Info-Institut». Ein weiteres Unterscheidungsmerkmal ist die zeitliche Durchführung von Marktforschungsmaßnahmen. Unter *Marktanalyse* versteht man die Erfassung der augenblicklichen Marktstruktur, unter *Marktbeobachtung* die Erfassung des Marktgeschehens im zeitlichen Ablauf.

Als *Markterkundung* im Gegensatz zur *Marktforschung* wird ein sporadisches, unsystematisches Vorgehen bezeichnet, etwas wenn man sich bei Bekannten in anderen Betrieben erkundigt oder einige Mitarbeiter im eigenen Betrieb befragt. Marktforschung geht systematisch nach streng wissenschaftlichen Methoden und Verfahren vor – oder sollte es zumindest.

Primär- und Sekundärforschung

Eine für die *Praxis* sehr wichtige Unterscheidung basiert auf der Frage nach dem Vorhandensein des zugrundeliegenden Materials. Muß das Material eigens für die Zwecke der Untersuchung erhoben werden, etwa durch eine Befragung, so spricht man von *primärer Marktforschung*. Kann man bereits vorhandenes, zugängiges Material auswerten (z. B. das Statistische Jahrbuch), so spricht man von *Sekundärforschung*. Die Amerikaner haben sich für diese beiden Begriffe plastischere Ausdrücke einfallen lassen; sie sprechen von *Field-Research* und *Desk-Research*, d. h. von Feld- und Schreibtischforschung. Die Sekundärforschung hat – obwohl weniger spektakulär als die Primärforschung – einige unbestreitbare Vorteile: Sie ist einfacher, billiger und meist schneller. Sie kommt weitaus häufiger vor als die Primärforschung. Primärerhebungen sind nur die Spitze des Eisberges; weitaus mehr Daten werden durch Auswerten vorhandenen statistischen Materials gewonnen. Im Zweifel gilt, daß alles, was man wissen will, irgend jemand zu irgendeiner Zeit schon einmal erhoben hat. Die Kunst ist nur zu wissen, wo man den Hebel ansetzt – und wie man dann das Material für die eigenen Zwecke aufbereitet.

Zu warnen ist allerdings vor einer unkritischen Übernahme vorhandener Statistiken. Es ist vielmehr in jedem einzelnen Fall zu prüfen, ob die vorliegenden Zahlen für den eigenen Sachverhalt zutreffen und ob sie miteinander vergleichbar sind. Ferner ist zu fragen, welche Tatbestände mit welchen Methoden erhoben wurden. Nur eine kritische Prüfung und sorgfältiges Aufbereiten des vorhandenen Sekundärmaterials kann vor unliebsamen Folgen, etwa Fehlentscheidungen aufgrund falscher Daten, schützen.

Informationsquellen der Sekundär-Marktforschung

Die wichtigsten Quellen der betrieblichen Sekundärforschung sind:

- ☐ amtliche Statistiken, so die Veröffentlichung des Statistischen Bundesamtes und der statistischen Landesämter. Diese staatlichen Stellen sind oft bereit, über die offiziellen Veröffentlichungen hinaus auf Anfragen zusätzliche Informationen zu liefern.

- ☐ Statistiken privater Träger, so z. B. die Veröffentlichung der (regionalen) Industrie- und Handelskammern; die Mitteilungen und Statistiken der einzelnen Wirtschaftsverbände (z. B. VDMA – Verband Deutscher Maschinenbauanstalten). Diese enthalten jeweils detaillierte Angaben über Beschäftigungszahl, Produktion, Auftragseingänge und andere wichtige Daten.
- ☐ Bekannte oder befreundete Unternehmen mit einem gutausgebauten Informations- und Dokumentationswesen sind meist gern bereit, gewünschtes Zahlenmaterial zur Verfügung zu stellen.
- ☐ Nach dem Motto: «Warum in die Ferne schweifen ...» sind es gerade die zahlreichen innerbetrieblichen Informationsquellen, die oft übersehen werden. Die in statistischer Abteilung, Buchhaltung, Betriebsabrechnung, zentraler Dokumentation und in anderen Abteilungen schlummernden Unterlagen sind wahre Fundgruben, die man sich unbedingt erschließen sollte.
- ☐ Und last not least sind als wichtige Quellen für sekundärstatistisches Material die zahlreichen Fachzeitschriften, Fachbücher, Messe- und Ausstellungskataloge zu nennen.

Untersuchte Tatbestände

Im Mittelpunkt der Betrachtung und der Untersuchung der Marktforschung steht – wie der Name schon sagt – das komplexe Phänomen «Markt». Jedes Unternehmen ist zweiseitig marktbezogen; deshalb gibt es eine *Beschaffungsmarktforschung* und eine *Absatzmarktforschung*. Die Beschaffungsmarktforschung hat primär die Aufgabe, die Betriebsmittel- und Werkstoffmärkte zu analysieren und transparent zu machen.

Der interessantere und weitaus wichtigere Sektor ist die Absatzmarktforschung. Hier geht es um Untersuchungen des *Marktpotentials*, um die Ermittlung der Größe und Aufnahmefähigkeit des Marktes. Die Häufigkeit des Bedarfes oder die Investitionsgewohnheiten der Unternehmen sind zu analysieren.

Mit Hilfe der Sekundärforschung wird festgestellt, welche Unternehmen und Branchen die höchsten Wachstumsraten aufweisen, welche Absatzwege sie bevorzugen u. a. m.

Die systematische *Suche nach Marktlücken* für neue Produkte, die Ermittlung der *Marktchancen* durch Befragung und Tests und die Mithilfe bei der Preisgestaltung sind weitere wichtige Aufgaben der Marktforschung.

Durch Aufzeigen technischer Trends und Erstellen genauer *Bedarfs- und Absatzprognosen* leistet die Marktforschung einen wichtigen Beitrag zur strategischen und taktischen Unternehmensplanung und zur Festlegung der Unternehmungsziele.

Ein wichtiger Bereich der betrieblichen Marktforschung ist die *Konkurrenzanalyse und -beobachtung*. Wer sind die Konkurrenten, was bieten sie an, wie verhalten sie sich? – die Beantwortung dieser Fragen ist für die eigene Strategie entscheidend.

Ein großes Aufgabengebiet, das u. a. mit Hilfe der *Motivforschung* angegangen wird, stellt die Analyse des Unternehmer- und Verbraucherverhaltens dar. Wie verlaufen betriebliche Entscheidungsprozesse, etwa bei Neuinvestitionen; welche betrieblichen Fachleute beeinflussen die Investitionsentscheidung; wo informieren sie sich über neue Produktionsverfahren, und wie kann man diese Informationsverhalten beeinflussen? Hier beginnt das weite Feld der *Werbeforschung*: Welche Wirkung erzielen die verschiedenen Werbemittel (Werbemittelforschung); wie groß sind die Reichweiten der verschiedenen Werbeträger (Werbeträgerforschung); welche Wirkung wird eine Werbekampagne erzielen (Werbeerfolgsprognose)? Zuletzt sei noch auf einen rein qualitativen Bereich der Marktforschung, die *Image-Forschung*, hingewiesen. Welche Eindrücke, Vorstellung und Meinungen verbinden bestimmte Personenkreise mit dem Unternehmen oder den hergestellten Produkten?

Diese nur sehr grobe und unvollständige Aufzählung der Aufgaben, die sich der betrieblichen Marktforschung stellen, läßt zwei Tatsachen deutlich werden:

□ Marktforschung, soll sie effizient sein und auch nur einen Bruchteil der beschriebenen Aufgaben lösen, muß *systematisch* betrieben werden, und zwar am besten von einem eigens dafür eingesetzten Mitarbeiter oder einer eigenen Abteilung. (1962 hatten nach einer Umfrage des RKW erst 17 % aller befragten

Unternehmen eine eigene Abteilung oder Mitarbeiter für Marktforschung – in den USA 51 %)

- ☐ Marktforschung muß von *Spezialisten* betrieben werden, von wissenschaftlich ausgebildeten oder geschulten Mitarbeitern, die das notwendige methodische Instrumentarium sicher beherrschen.

Die Befragung

Die Befragung ist die klassische und wichtigste Methode der Datenerhebung. Sie ist dem Experiment und der Beobachtung an Bedeutung weit überlegen. Nach der Art der Erhebung werden unterschieden: schriftliche, telefonische und mündliche Befragung.

Die schriftliche Befragung
Das Problem der schriftlichen Befragung ist die relativ niedrige Antwortquote, was in der Regel eine Minderung der Repräsentanz bedeutet. Im allgemeinen rechnet man bei einmaligem Anschreiben mit einem Rücklauf von 10 bis 15 %. Zur Erhöhung der Rücklaufquote behilft man sich mit mehrmaligem Nachfassen, mit kleinen Geschenken oder der Inaussichtstellung einer Verlosung, um den Anreiz zum Ausfüllen des Fragebogens zu erhöhen. Der große Vorteil der schriftlichen Befragung liegt in den relativ niedrigen Kosten.

Die telefonische Befragung
Der Nachteil dieser Erhebungsart liegt in der mangelhaften Repräsentanz – es können eben nur Telefonbesitzer befragt werden; der Vorteil in der relativ schnellen Erreichbarkeit des zu Interviewenden. Bekannt sind die telefonischen «Blitzumfragen» des Wickert-Instituts zu aktuellen Tagesproblemen (Einstellung der Bevölkerung zu den Ostverträgen).

Die mündliche Befragung
Die mündliche Befragung wird meist durchgeführt anhand eines Fragebogens von speziell geschulten Interviewern eines Marktforschungsinstituts. Bei einer *Spezialbefragung* ist nur ein Thema

Gegenstand der Befragung. Bei einer *Omnibus-Befragung* (oder Mehr-Themen-Umfrage) werden mehrere Themenbereiche behandelt, wobei sich meist verschiedene Unternehmen mit unterschiedlichen Fragen an der Untersuchung beteiligen.

Im Gegensatz zum *standardisierten* Interview, in dem die Fragefolge in einem Fragebogen fest vorgegeben ist, hat der Interviewer beim sog. *Tiefeninterview* gewisse Freiheiten in der Gesprächsführung.

Großer Beliebtheit erfreuen sich die *psychologischen Tests*. Sinn und Zweck dieses Verfahrens ist es durch psychologische Umkleidung und Umschreibung von Fragen die Meinungen, Einstellungen und Motive der zu testenden Versuchspersonen zu erfahren. Als Beispiele für solche Verfahren seien der bekannte TAT (Thematische Apperzeptions-Test) erwähnt. In Form von Intelligenz- und Eignungstests finden psychologische Testverfahren Anwendung bei Neueinstellungen und bei der Mitarbeiterbeurteilung. Nach den Antwortmöglichkeiten auf die gestellten Fragen unterscheidet man zwischen *offenen Fragen*, wobei die Formulierung der Antwort der Auskunftsperson überlassen wird (z.B.: «Welche Anforderungen stellen Sie an eine neu anzuschaffende Maschine?») und *geschlossene Fragen*, bei denen die Antwortmöglichkeiten fest vorgegeben sind (z.B.: «Bitte nennen Sie anhand dieser Liste diejenigen Anforderungen, die Sie an eine neu anzuschaffende Maschine stellen.») Durch die *direkte* Fragestellung können nur bewußt erlebte und objektive Sachverhalte ermittelt werden (z.B.: «Welche Gründe haben den Ausschlag für die Anschaffung dieser Maschine gegeben?»). Bei der Ergründung von Meinungen, Motiven, Einstellungen und hypothetischen Sachverhalten («Was würden Sie tun, wenn...?») dagegen ist Vorsicht geboten. Hier helfen oft nur die *indirekte* Fragestellung oder ganz spezielle, sogenannte *projektive* Verfahren. (Der Befragte projiziert mit Hilfe vorgelegter Bilder seine eigenen, tatsächlichen Motive auf eine dritte, neutrale Person.) Nur dadurch wird verhindert, daß Scheinmotive geäußert (etwa zur Rechtfertigung einer Handlung) oder durch Fragen nach dem zukünftigen Verhalten («Würden Sie diese Maschine kaufen, wenn...?») Fehlschlüsse aus den Antworten gezogen werden.

Die Durchführung von mündlichen Befragungen, die von der Erstellung des Fragebogens über die Durchführung der Interviews bis hin zur Auswertung gehen, werden meist hochspezialisierten Marktforschungsinstituten mit entsprechendem Know-how und Organisation (Interviewer-Stab) übertragen. Dennoch können schon kleinere «selbstgestrickte» und wenig aufwendige Befragungen wertvolle Aufschlüsse vermitteln. Zumindest können sie als eine Art «Pretest» (= Vortest) erste Ansatzpunkte für eine größere, repräsentative Untersuchung geben.

Die Beobachtung

Die Beobachtung hat den Vorteil, daß sie unabhängig von der Auskunftsbereitschaft der zu beobachtenden Personen ist. Der festzustellende Sachverhalt ist unmittelbar am Objekt/Subjekt und seinem Verhalten erkennbar. So kann man durch Beobachtung von Passanten die Aufmerksamkeitswirkung eines Messestandes oder Plakates feststellen und durch Zählung ermitteln, wie sich die Besucherströme in den verschiedenen Messehallen bewegen. Insgesamt gesehen ist die Bedeutung der Beobachtung als Untersuchungsmethode im Vergleich zur Befragung jedoch gering.

Der Test/Das Experiment

Die Neueinführung eines Produkts ist in der Regel mit großen Risiken verbunden, die mittels des Markttests verringert werden können. Der Markttest ist ein kontrolliertes Experiment in einem Teilmarkt *(Testmarkt)*. Die Aufgabe des Tests ist es, die Marktgängigkeit eines neuen Produkts und die Wirksamkeit einzelner Marketing-Maßnahmen festzustellen. Markttests werden überwiegend bei Konsumgütern durchgeführt.

Neben reinen Markttests gewinnen Experimente immer mehr an Bedeutung. Produkt- und Verpackungstests zur Ermittlung der Wirkung neuer Produkte und deren Verpackungen, Anzeigentests unter Vorlage verschiedener Entwürfe und Tests von Markennamen sind einige dieser Versuche, die meist in Laboratorien unter künstlichen Bedingungen durchgeführt werden.

Die Auswahl der Befragungspersonen

Die richtige Auswahl der Auskunftspersonen ist eines der Kernprobleme der demoskopischen Marktforschung. In der Regel scheidet eine Befragung aller in Betracht kommenden Personen, eine *Vollerhebung* also, aus Kosten- und Praktikabilitätsgründen aus. Man führt eine *Teilerhebung* durch, wobei das Problem der Repräsentativität auftaucht. Das ist die Frage, inwieweit die ausgewählten Personen, die gewissermaßen stellvertretend für die Gesamtheit befragt werden (Stichprobe) repräsentativ für diese Gesamtheit sind.

Die Marktforschung kennt zwei grundlegende Auswahlverfahren, die die angestrebte Repräsentativität so weit wie möglich garantieren sollen:

Die Zufallsauswahl (Randomverfahren): Die Befragungspersonen werden nach einem strengen mathematischen Zufallsprinzip ausgewählt. *Bei der Quotenauswahl* ist die Zusammensetzung der Grundgesamtheit nach bestimmten Merkmalen bekannt. Entsprechend diesen Merkmalen werden die Quoten für die Zusammensetzung der Stichprobe festgelegt.

Präsentation der Marktforschungsergebnisse

Außerordentlich wichtig ist die inhaltliche und formale Darstellung der ermittelten Daten und Fakten. Oft ist die wochen- oder gar monatelange Arbeit einer Marktforschungsabteilung vergebens, wenn die Berichterstattung unzureichend ist. Das beste und umfangreichste Material nützt nichts, wenn die Empfänger – oft die Geschäftsleitung – von den Zahlen «erschlagen» werden. Meist fehlt diesem Personenkreis die zum richtigen Lesen seitenlanger Tabellen und Statistiken notwendige Sachkenntnis und vor allem die Zeit. Lange Abhandlungen, die sich ohne Absatz, Punkt und Komma dahinquälen, müssen lesefreundlicher aufbereitet werden – u. a. durch Aufgliederung in logisch zusammenhängende, in sich abgeschlossene Teilabschnitte. Schwierige Zusammenhänge sind in grafischen Darstellungen umzusetzen; die wichtigsten Ergebnisse in Kernsätzen zusammenzufassen. Eine übersichtliche und großzügige Darstellung (die Zeit der Papierzwangsbewirtschaftung ist vorbei!) verleiht einer Abhandlung schon vom Äußeren her Gewicht und Seriosität. Bei der mündlichen Präsentation von Marktforschungsergebnissen kann ein wenig «Mut zur Schau» nichts schaden und ist auch nicht unseriös. Denn – auch die besten Ergebnisse müssen entsprechend «verkauft» werden. Das nützt jedoch alles nichts, wenn das Management diese Informationen in der Schublade verschwinden läßt und keine Konsequenzen daraus zieht. Das ist leider häufig genug der Fall.

Fazit:

Marktforschung ist keine Hexerei – auch keine Geheimwissenschaft. Sie beruht auf exakten wissenschaftlichen Methoden, deren Kenntnis für ein erfolgreiches Vorgehen unerläßlich ist. Dennoch können auch methodisch weniger «vorbelastete» Personen mit etwas «Know-how» und vor allem «Know-where» fündig werden. Entscheiden ist, die Vielzahl der inner- und außerbetrieblichen Informationsquellen zu kennen und für eigene Belange zu nutzen. So kann sich auch ein kleiner Betrieb Marktforschung leisten, denn das ist weniger eine Frage des Geldes, sondern der Organisation bzw. Mitarbeiter.

Marktforschung in Eigenregie

Marktforschung tut not – das haben heute alle Unternehmen erkannt. Jedoch die wenigsten, insbesondere Klein- und Mittelbetriebe, werden einen eigenen Marktforschungsspezialisten, geschweige denn eine ganze Abteilung haben, die die dringend benötigten Marktdaten beschaffen kann. Die Einschaltung von speziellen Marktforschungsinstituten scheitert darüber hinaus oft an fehlenden Etatmitteln. Was ist also zu tun? Muß man auf die Daten verzichten? Muß Marktforschung immer perfekt und damit leider auch teuer sein?

Am Anfang aller Marktforschung stehen Fragen. Fragen nach dem Markt, seiner Struktur, seinen Entwicklungstendenzen; Fragen nach der Konkurrenz, ihrem Produktionsprogramm, ihren Stärken und Schwächen. Und mit den Fragen entsteht das Problem der Informationsbeschaffung: Woher und wie können die benötigten Daten beschafft werden, und das mit wirtschaftlich vertretbarem Aufwand?

Auswertung von Sekundärmaterial

Informationen können aus vielen und verschiedenen Quellen geschöpft werden. Da ist einmal die Nutzung des umfangreichen sekundär-statistischen Materials: Veröffentlichungen des Statistischen Bundesamtes, wie das Statistische Jahrbuch und Sonderberichte über einzelne Märkte, Verbandsstatistiken und Aufstellungen. Aus ihnen lassen sich in der Regel die Größe und regionale Aufteilung des Marktes ermitteln und gewisse Verschiebungen und Trends erkennen. Mit einigem Geschick und Verständnis für Zahlen und deren Aufbereitung lassen sich aus diesen preiswerten und jederzeit verfügbaren Unterlagen eine Fülle von Basisinformationen gewinnen. Dazu kommen die zahlreichen Veröffentlichungen in der Tages-, Wirtschafts- und Fachpresse, die Aufschluß über den Markt, über die Konkurrenz sowie über wichtige Abnehmer und Abnehmerbranchen geben. Die besten und wertvollsten Informationen schlummern meist an irgendeiner Stelle im eigenen Betrieb. Das Archiv, die betriebswirtschaftliche Abteilung und die Verkaufsabteilungen sollte man des öfteren aufsuchen: Meist wird man dabei fündig. Besonders von Interesse sind Produktions- und Absatzstatistiken, Berichte der Verkaufsorganisation, Analysen der eigenen Produkte und ihrer Verwendungsmöglichkeiten sowie verschiedene Daten über Konkurrenzprodukte. Berichte über Reklamationen, Statistiken über Angebote, die nicht zum Erfolg geführt haben, sowie Auskünfte der Techniker, Verkäufer und Marketingleute runden das Bild ab.

Hier zeigen sich jedoch deutlich auch die Grenzen des Desk-Research, der Auswertung des vorhandenen Datenmaterials. Einmal werden die vorhandenen Unterlagen in den seltensten Fällen alle Informationen enthalten, die man benötigt. Zum anderen können sie kaum die Frage nach dem Warum beantworten. Warum hat man ausgerechnet bei einigen Abnehmergruppen mit dem eigenen Angebot so wenig Erfolg? Woran liegt das? Antworten auf solche Fragen können nur mit Hilfe der direkten Befragung, der Feldarbeit, gewonnen werden.

Dies kann geschehen durch die Einschaltung eines Marktforschungsinstitutes, durch Befragungen mit Hilfe von Mitarbeitern des eigenen Hauses oder durch den Einsatz des Außendienstes.

Einschaltung von Marktforschungsinstituten

In bestimmten Fällen ist die Einschaltung von Marktforschungsinstituten unerläßlich, besonders dann, wenn umfassende, zuverlässige und statistisch abgesicherte Marktinformationen gewonnen werden sollen. Dies wird u. a. bei der Einführung eines neuen Produktes sein, wobei als zusätzliches Erfordernis hinzukommt, daß das Unternehmen selbst anonym bleiben muß.

Eigene Befragungen

Eigene, persönliche Befragungen können vorwiegend dort mit Erfolg angewendet werden, wo kleinere Spezialprobleme gelöst werden müssen. Durch Intensivgespräche, etwa mit den wichtigsten Abnehmern, kann man sich an das gestellte Problem herantasten und erste, grundlegende Informationen sammeln. Um auch andere Mitarbeiter für die Befragungsaktion einspannen zu können, muß ein vorstrukturierter Gesprächsleitfaden (Fragebogen) entworfen werden. Nur dadurch können die Antworten quantifiziert, die Einzelaussagen untereinander verglichen werden. Meist wird man sich aus Kapazitäts- und Zeitgründen auf etwa 20 bis 30 Interviews beschränken müssen. Auch bei solch geringen Fallzahlen sollte man jedoch unbedingt darauf achten, daß die ausgewählten Befragungspersonen in etwa der Grundgesamtheit entsprechen (Repräsentativität). Es sei jedoch davor gewarnt, die Ergebnisse einer solch «handgestrickten» Umfrage zu verabsolutieren. Nur bei eindeutigen, übereinstimmenden Aussagen der Befragten wird man die Befragungsergebnisse einer Entscheidung zugrunde legen. Ansonsten können allenfalls Tendenzen abgeleitet werden, die in einer nachfolgenden repräsentativen Marktbefragung verifiziert werden müssen.

Schriftliche Befragung

Ein einfaches, billiges und fast immer einzusetzendes Mittel der Informationsbeschaffung ist die schriftliche Befragung. Dabei sind jedoch einige wichtige Grundregeln zu beachten, um zu zuverlässigen, richtigen Ergebnissen zu gelangen. Eine Befragung aller möglichen in Frage kommenden Personen – etwa der gesamten Kunden – wird aus Kostengründen meist nicht in Frage kommen. Deshalb ist eine Auswahl zu treffen, d. h., es muß eine repräsentative Stichprobe gezogen werden. Dabei ist zu beachten, daß die Größe der Stichprobe nicht zu klein gehalten wird, da sonst die Ergebnisse verzerrt sein können. Untere Grenze als grobe Daumenregel: 300 Adressen. Die Ausschöpfung der Stichprobe, d. h. die Zahl der Antwortenden, ist möglichst hoch zu halten. Wenn beispielsweise nur 5 bis 10 % der Angeschriebenen antworten, ist das Ergebnis mit einer hohen Fehlerwahrscheinlichkeit behaftet, denn gerade die 90 % Nichtantwortenden könnten das Ergebnis entscheidend verändern. Die Rücklaufquote, d. h. die Zahl der Antwortenden kann durch ein einfaches Mittel erhöht werden: In Nachfaßbriefen wird nochmals um die Beantwortung des Fragebogens gebeten (Fragebogen wieder beifügen!). Der Umfang des Fragebogens soll zwei Seiten nicht überschreiten, denn wer füllt gerne seitenlange Bogen aus? Weiter ist eine einfache, eindeutige und klare Fragestellung notwendig. Hochnotpeinliche Fragen, etwa nach dem Gewinn, den Lieferanten usw., sind zu vermeiden. Erstens fordert dies zum Schummeln geradezu heraus, zweitens werden solche Fragen meist nicht beantwortet und drittens wirken sie abschreckend, so daß die Gefahr besteht, daß der gesamte Fragebogen in die große Ablage, sprich Papierkorb, wandert.

Einige weitere kleine Tips:

- ☐ Im Anschreiben, wenn möglich, die persönliche Anrede gebrauchen.
- ☐ Dem Schreiben einen frankierten Umschlag beifügen (keine Sondermarken). Dies erhöht den Aufforderungswert beträchtlich.
- ☐ Den Fragebogen vor Ablauf der Aktion in einigen Probeinterviews auf seine Verständlichkeit, Lücken usw. abtesten.
- ☐ Im Interesse der besseren Auswertbarkeit der Fragebogen Antwortmöglichkeiten fest vorgeben (sog. geschlossene Fragen).

Die Telefonbefragung

Sie eignet sich besonders dann, wenn es gilt, schnell an Informationen heranzukommen. Blitzumfragen bei Kunden, Lieferanten und den Mitarbeitern des Außendienstes können wichtige Aufschlüsse geben. Angesichts der hohen Telefongebühren gilt als oberstes Gebot: Fasse Dich kurz! Ein kleiner Fragebogen ist auch bei Telefoninterviews unabdingbares Hilfsmittel.

Besuche von Messen und Ausstellungen

Besuche von Messen und Ausstellungen sind die einfachste und oft ergiebigste Methode der Marktforschung. Man findet alle Kunden und potentielle Abnehmer bzw. die gesamte Konkurrenz an einem Ort versammelt.

Der Besuch solcher Veranstaltungen wird aber nur dann eine Fülle wichtiger Informationen über den Markt und die Konkurrenz bringen, wenn er sorgfältig vorgeplant wird. In einem «Schlachtplan» wird festgelegt, welche Stände man besuchen und auf einer Art Checklist festgehalten, welche Informationen man haben will. Die Einbeziehung weiterer Mitarbeiter in die systematische Informationsbeschaffung auf Messen erhöht die Breitenwirkung. Wichtig: Die Ergebnisse der Aufzeichnungen müssen später an einer Stelle des Hauses zentral zusammenfließen und ausgewertet werden.

Informationsquelle Außendienst

Den Außendienst für Marktforschung einzusetzen ist eines der Verfahren, einfach und billig Informationen zu gewinnen. Der eigene Außendienst bietet sich schon deshalb an, weil manche interessierende Frage im Rahmen des Akquisitionsgespräches gestellt und beantwortet werden kann. Ein Fragebogen ist unbedingt erforderlich, da möglichst von allen die gleichen Informationen erhalten werden sollen. Er sollte einfach gestaltet sein, um den Außendienstmitarbeiter als Interviewer nicht zu überfordern. Keinesfalls aber darf der Kunde das Gefühl haben, er werde ausgefragt. Dies gilt auch für eigene Befragungen. Der Gesprächspartner muß vielmehr merken, daß man sich über seine Wünsche informieren will, um ihm dadurch bei der Lösung seiner Probleme besser helfen zu können. Trotz der großen Vorteile, die der Außendienst als verlängertes Ohr am Markt und damit als Instrument zur Schöpfung von Marktdaten hat, sei vor einem blinden Einsatz gewarnt. Einmal werden sich die Vertreter dagegen sträuben, «jemand auszufragen». Diese negative Einstellung wird sich auch auf die Qualität der gewonnenen Informationen auswirken. Hier kann nur eine intensive und regelmäßige Vertreterschulung Abhilfe schaffen. Auch werden die Außendienstmitarbeiter nicht in allen Fällen objektiv sein. Unter anderem dann, wenn sie Firmen interviewen müssen, die bisher nicht ihre Abnehmer sind. Hier gilt es, Schönfärberei und «frisierten» Antworten durch Kontrollfragen vorzubeugen. Aber auch die Gesprächspartner werden gegenüber dem

Außendienstmitarbeiter einer Firma nicht so offen sein wie gegenüber einem neutralen Interviewer. Die Nachteile werden dennoch durch die Vorteile aufgewogen. Um den Außendienst als Mittel zur Informationsbeschaffung optimal auszunützen, sollte er jedoch nicht nur punktuell eingesetzt werden. Er sollte vielmehr regelmäßig über alle marktrelevanten Vorgänge berichten. Dazu ist es notwendig, ein Marketingberichtswesen aufzubauen, das die heute vielerorts üblichen Vertreterberichte ablöst. Solch eine Checklist für die Datengewinnung über den Außendienst sollte neben dem Namen der befragten Firma kurze Angaben enthalten über: Branche, Betriebsgröße, Umsatz, Produktionsprogramm, Konkurrenzsituation/Marktstellung, Stärken und Schwächen der Konkurrenten, Vertrieb, sonstige wichtige Informationen. Die ständige Sammlung und Aufbereitung der dadurch anfallenden Daten an einer zentralen Stelle ist die Grundlage für eine immer aktuelle und umfassende Marktbeobachtung.

Fazit:

Marktforschung in Eigenregie kann sehr viel leisten: Nicht nur auf dem Gebiet der Auswertung von Sekundärmaterial, sondern auch bei der Erhebung von Daten durch mündliche und schriftliche Befragungen. Grundvoraussetzung ist jedoch, die Technik des jeweils eingesetzten Instrumentes zu beherrschen und klar seine Grenzen zu sehen. Marktforschung in eigener Regie jedoch nur deshalb, um Kosten zu sparen, ist auf die Dauer zu teuer.

Die Befragung

Der Bedarf eines Unternehmens an qualifizierten Informationen ist immens. Um Entscheidungen und daraus abgeleitete Maßnahmen absichern zu können, müssen Fragen beantwortet werden, wie: «Was halten die Abnehmer von meinem Produkt; ist der Preis angemessen, ist der Service ausreichend, worauf ist der große Erfolg der Konkurrenz zurückzuführen, wo bestehen Marktlücken?» Der Großteil dieser Daten kann jedoch nur durch eine Befragung gewonnen werden.

Arten der Befragungen

Grundsätzlich gibt es drei verschiedene Verfahren: die mündliche Befragung, die schriftliche Befragung und die Telefonbefragung. Jede dieser Erhebungsmethoden hat ihre spezifischen Vor- und Nachteile.

Die *mündliche Befragung* kann in allen Fällen eingesetzt werden, sei es nun im Rahmen einer großen Erhebung mit Hunderten von Interviews oder bei einem Dutzend Gesprächen. Mündliche Befragungen sind jedoch relativ aufwendig und können oft nur unter Heranziehung eines Marktforschungs-Instituts durchgeführt werden. Dennoch ist es möglich, kleinere Befragungen selbst durchzuführen, wenn man einige Bedingungen beachtet:

- ☐ sorgfältige und richtige Auswahl der Befragungspersonen,
- ☐ Verwendung eines Fragebogens oder zumindest eines Gesprächsleitfadens,
- ☐ eine vernünftige Auswertung.

Die *schriftliche Befragung* tritt immer stärker in den Vordergrund, weil sie relativ einfach und zudem auch billiger durchzuführen ist als die mündliche Befragung. Gravierendes Problem ist die oft fehlende Repräsentativität der Ergebnisse. Es kann beispielsweise zu falschen Schlüssen verleiten, stützt man seine Aussagen auf 200 eingegangene Fragebogen, wenn man 5 000 Adressen angeschrieben hat. Denn: vielleicht war es gerade die schweigende Mehrheit von 4 800, deren Meinung das Ergebnis völlig verändern würde.

Um Fehlinterpretationen aufgrund mangelnder Repräsentativität zu verhindern, wird in der Regel ein Mindestrücklauf von 70 % gefordert. Einige kleine «Tricks» zur Steigerung des Rücklaufs:

- □ Anschreiben mit überzeugender Erklärung, warum man ausgerechnet die Meinung des Angeschriebenen benötigt.
- □ Bis zu viermaliges Anmahnen in Abständen von je einer Woche.
- □ Beifügen von Rückumschlägen, die mit Briefmarken (nicht Freistempler!) freigemacht sind.

Der Fragebogen sollte möglichst kurz, die Fragen verständlich sein.

Telefoninterviews sind relativ schnell und meist problemlos durchzuführen. Viele Fragen bei Ferngesprächen verteuern Telefoninterviews, zumal dann, wenn man sich erst über die Telefonzentrale zur richtigen Auskunftsperson durchfragen muß. Darüber hinaus zeigt die Erfahrung, daß die Auskunftswilligkeit der Befragten bei telefonischer Ansprache relativ gering ist; dies gilt besonders bei «hochnotpeinlichen» Fragen. Die Ausschöpfung der Stichprobe ist ein weiteres Problem (Urlaub, Konferenzen).

Ziehung der Stichprobe

Schon aus Kostengründen wird man in den wenigsten Fällen alle Personen einer Zielgruppe befragen können. Die Antworten eines ausgewählten Personenkreises werden daher für die Meinung aller stehen müssen. Die Zuverlässigkeit der Ergebnisse hängt von einigen wesentlichen Faktoren ab:

- □ Größe der Stichprobe,
- □ methodisch einwandfreie Auswahl der Befragenden,
- □ Ausschöpfungsquote der Stichprobe.

Die Stichprobe muß «zufällig» gezogen werden. Das bedeutet im statistischen Sinn die absolute Chancengleichheit bei der Auswahl der Auskunftspersonen. Beispielsweise zieht man jede n-te Karte aus einer Adreßkartei, wobei die erste zu ziehende Karte mit Hilfe einer Zufallstabelle zu bestimmen ist (Zufallszahl = vorfabrizierter Zufall). Die Festlegung der Stichprobengröße kann nach folgender Faustformel erfolgen:

$$n_{min} = \frac{10000}{e^2_{max}}$$

n_{min} = Mindest-Stichprobenumfang
e_{max} = gerade noch tolerierbarer Fehler in %

Der Umfang der Stichprobe entscheidet wesentlich darüber, wie zuverlässig die Ergebnisse sind und welche Abweichungen nach oben oder unten auftreten können (= Schwankungsbreite der Ergebnisse).

Erstellung des Fragebogens

In einer ersten Phase werden in Zusammenarbeit mit den internen Spezialisten alle interessierenden Fragen niedergeschrieben. Anschließend entsteht ein zunächst noch roher Gesprächsleitfaden. In einem Vortest (Pretest) wird dieser mit einigen ausgewählten Personen der zu befragenden Zielgruppe durchgegangen. Der Pretest beantwortet folgende Fragen: «Wurden alle Aspekte des Problems berücksichtigt? Ist die Fragestellung verständlich? Dekken die Antwortvorgaben alle Möglichkeiten ab?»

Auf die genaue und verständliche Formulierung der Fragen und die Zusammenstellung der Antwortvorgaben ist größte Aufmerksamkeit zu legen. Letzteres ist besonders wichtig, da erst durch exakte Vorgaben die Antworten quantifiziert werden können. Bei «offenen» Fragen können die Antworten so breit streuen, daß sie nicht mehr zu Gruppen zusammengefaßt werden können.

Durch geschlossene Fragen mit Antwortvorgaben zwingt man den Antwortenden dagegen, sich auf einen oder mehrere Gründe festzulegen. Beispiel: «Welche der hier aufgeführten Gründe hat Sie zum Kauf unserer Maschine veranlaßt?»

Die ersten Fragen des Fragebogens sollen behutsam in das Thema einführen. Beliebt sind «Eisbrecherfragen», die dazu beitragen, den Befragten auf das Thema hinzustimmen («Wie sehen Sie die Zukunft Ihrer Branche?»). Der Umfang eines Fragebogens kann sehr verschieden sein. Er reicht von der einfachen Postkarte mit 2 bis 3 Fragen bis zur mehrseitigen Broschüre.

Auswertung des Fragebogens

Die Auswertung der Fragebogen erfolgt in einer primitiven Form durch «Ausstricheln» der Antworten – bei umfangreichen Fragebogen erledigt der Computer die Auszählung.

Besonders wichtig ist es, das an sich tote Zahlenmaterial zum Leben zu erwecken: Erst der Vergleich mit anderen Daten bringt interessante Aufschlüsse. Beispiel: Der Bekanntheitsgrad einer Firma mag mit 20 % relativ gering erscheinen. Wenn der Hauptkonkurrent jedoch nur 10 % erreicht oder der Wert sich in den vergangenen Jahren verdoppelt hat, ist dies ein gutes Ergebnis. Die Herstellung von Korrelationen durch die Verknüpfung verschiedener Ergebnisse bringt weitere Aufschlüsse: Wie differiert der Bekanntheitsgrad bei Groß- bzw. Kleinfirmen? Besteht eine Abhängigkeit zur betrieblichen Funktion des Befragten?

Zu beachten ist jedoch, daß die Basis für solche Aussagen nicht zu schmal ist und bestimmte Erkenntnisse nur aus den Antworten einiger weniger Auskunftspersonen abgeleitet werden.

Kosten einer Befragung

Die Kosten einer mündlichen Befragung hängen ab von der Zahl der zu befragenden Personen, dem Schwierigkeitsgrad und dem Umfang des Fragebogens und der Schwierigkeit, die zu interviewenden Personen zu erreichen (Hausfrau/Mitglied der Geschäftsleitung). Bei Industriebefragungen durch ein Institut rechnet man mit der Daumenregel von 200,– DM je Interview. Bei 500 Interviews bedeutet das eine Größenordnung von 100 000,– DM für eine Untersuchung. In dieser Summe sind jedoch zusätzliche Dienstleistungen des Marktforschungs-Instituts enthalten, wie Fragebogenerstellung, Durchführung der Interviews, Auswertung und der Abschlußbericht.

Die Kosten der schriftlichen Befragung umfassen im wesentlichen den Druck des Fragebogens (wobei ein gedruckter Fragebogen den Rücklauf erhöht), die Portokosten für die Aussendungen (etwa 3 bis 4) und die Briefmarken auf den Antwortumschlägen. Dies bedeutet in der Regel Kosten zwischen 5 000,– und 10 000,– DM.

In dieser Aufstellung sind jedoch nicht die indirekten Kosten wie Zeit und Aufwand der Mitarbeiter im eigenen Unternehmen enthalten.

Die Kosten für die telefonische Befragung sind im wesentlichen von der Länge des Telefongespräches und der Erreichbarkeit der Befragungspersonen abhängig.

Fazit:

Befragungen müssen nicht immer in die Hunderttausende gehen. Eine kleine mündliche Befragung, gezielt angesetzt – eine schriftliche Umfrage durch die eigene Verkaufsabteilung in der «toten» Zeit –, einige Telefoninterviews mit guten Geschäftsfreunden. Das alles kostet nicht viel, bringt aber etwas sehr Wertvolles: Daten und nochmals Daten.

Grundbegriffe der Statistik

Statistik ist aus der heutigen Welt nicht mehr wegzudenken. Statistische Verfahren sind unerläßliches Arbeitsmittel in der Medizin, Soziologie, Psychologie, Betriebswirtschaft und Marktforschung, um nur einige wissenschaftliche Disziplinen zu nennen. Mit ihrer Hilfe werden Zusammenhänge analysiert, Hypothesen angenommen oder verworfen, Aussagen mit mehr oder weniger hohem Sicherheitsgrad gemacht, Risiken der unternehmerischen Entscheidung minimiert.

Die Statistik bedient sich dabei mathematischer Methoden. Daher gibt es auch in der Statistik so etwas wie ein kleines und großes Einmaleins. Bevor man also mit Regressionsanalysen und Korrelationskoeffizienten – gleichsam das große Einmaleins – umgehen kann, muß man beispielsweise die «einfachen» statistischen Mittelmaße zuverlässig berechnen können. Dazu gehört auch das Abwägen der Vor- und Nachteile dieser Verfahren sowie die Kenntnis ihrer spezifischen Eignung für die Lösung bestimmter Probleme.

Die Bedeutung der Mittelwerte

Um einen raschen Überblick über bestimmte Situationen zu bekommen, braucht man Informationen in Kurzform. Liegen eine Menge Zahlen und Daten vor, erfüllt meist die Bildung von Mittelwerten diesen Zweck. Statt vieler unübersichtlicher Zahlenreihen und Ergebnisse soll ein «typischer» Wert kurz und prägnant stellvertretend für die übrigen stehen.

Vor einer unbedachten Zusammenfassung von Merkmalen muß jedoch gewarnt werden. Denn genauso wenig wie es den «Durchschnittsbürger» gibt, gibt es den «Otto Normalverbraucher». Durchschnittswerte nivellieren immer Unterschiede und können, falsch angewandt, zu Fehlschlüssen führen.

Das arithmetische Mittel

Ein Mittelwert beschreibt, kurz gesagt, die zentrale Tendenz in einer statistischen Masse. Das arithmetische Mittel ist das am häufigsten angewandte und am leichtesten zu berechnende Mittelmaß. Exakt ausgedrückt ist das arithmetische Mittel einer Reihe gleich der Summe der Werte der Reihenglieder, dividiert durch die Anzahl der Reihenglieder. Dazu folgendes kleines Beispiel: 10 befragte Personen sollen angeben, welchen Preis sie bereit wären, für ein neues Produkt auszugeben. Die Verteilung der Antworten fiel folgendermaßen aus:

Befragungspersonen	a	b	c	d	e	f	g	h	i	j
genannter Preis	7	5	8	4	3	3	6	4	4	6

Die Formel zur Berechnung des arithmetischen Mittels lautet:

$$\bar{x} = \frac{1}{n} (x_1 + x_2 \ldots + x_n)$$

Also:

$$\bar{x} = \frac{1}{10}(7 + 5 + 8 \ldots + 6) = \frac{50}{10} = 5$$

5 DM wäre somit der Durchschnittspreis, der für das neue Produkt bezahlt werden würde.

Ist dies jedoch der optimale Preis? Ein solcher müßte von der Mehrzahl der potentiellen Käufer akzeptiert werden. Und doch hatte ihn in unserem Beispiel nur einer der Befragten angegeben. Von zwei befragten Personen wurde hingegen der Preis 3 DM, von drei der Preis 4 DM genannt. 4 DM ist somit der am häufigsten genannte Wert. Die Fachbezeichnung dafür lautet dichtester Wert oder auch Modus. Der Modus ist einfach und ohne Rechenaufwand zu finden. Er kann jedoch leicht von Zufallsfehlern beeinflußt werden. Beispielsweise dann, wenn keine Normalverteilung vorliegt oder wenn mehrere Häufungspunkte in einer Merkmalsmenge vorkommen.

Der Zentralwert

Der Zentralwert, auch Median genannt, halbiert die geordnete Reihe. In unserem Beispiel (aufsteigend geordnet) 3 – 3 – 4 – 4 – 4|–| 5 – 6 – 6 – 7 – 8 DM liegt der Mittelwert zwischen 4 und 5, also bei 4,5. Der Zentralwert wird immer dann angewandt, wenn Extremwerte eine Durchschnittszahl verzerren würden, beispielsweise könnten extrem hohe Einkommen das Durchschnittseinkommen einer Gruppe verzerren. Durch Bildung des Zentralwertes werden die «Spitzen» gekappt.

Das harmonische Mittel

Das harmonische Mittel versucht, wie der Name schon sagt, Reihen mit unterschiedlichen Schwerpunkten zu harmonisieren, insbesondere dann, wenn der Zeitfaktor eine wichtige Rolle spielt. Das geradezu «klassische» Beispiel für die Berechnung des harmonischen Mittels ist die Urlaubsreise. Angenommen, man hat 800 Kilometer bis zum Urlaubsort zurückzulegen. Der erste Teil der Strecke, nämlich 400 km, werden flott per Autobahn mit einer Durchschnittsgeschwindigkeit von 110 km/h zurückgelegt. Die restliche Strecke ist auf Landstraßen mit einer Durchschnittsgeschwindigkeit von ganzen 50 km/h zu bewältigen.

Die (falsche) arithmetische Durchschnittsgeschwindigkeit würde bei (110 + 50) : 2 = 80 km/h liegen, was zur falschen Annahme verführen würde, die gesamte Strecke könnte innerhalb von 10 Stunden zurückgelegt werden. Dies ist leider eine Milchmädchenrechnung. Denn für die letzten 400 km allein benötigt man bei einer Durchschnittsgeschwindigkeit von 50 km/h schon 8 Stunden. Da man auf der ersten Strecke von 400 km bei 110 km/h rund 3¾ Stunden unterwegs war, würde man erst nach insgesamt 11¾ Stunden am Urlaubsort ankommen.

Die richtige Formel für die Berechnung des harmonischen Mittels lautet:

$$M = \frac{n}{\frac{1}{x_1} + \frac{1}{x_2} + \cdots \frac{1}{x_n}}$$

In unserem Beispiel:

$$\frac{2}{\frac{1}{110} + \frac{1}{50}} = 71{,}25$$

Die realistische Durchschnittsgeschwindigkeit beträgt also nicht 80 km/h, sondern nur 71,25 km/h. Bei diesem Schnitt ist die gesamte Strecke nicht unter 11 Stunden zu schaffen.

Das geometrische Mittel

Das geometrische Mittel wird dann angewendet, wenn es um die Feststellung des Durchschnittswertes von Veränderungsraten geht. Dazu ein Beispiel:

Ein Unternehmen konnte seinen Umsatz innerhalb von drei Jahren, wie in der Tabelle dargestellt, steigern:

Jahr	Umsatz je Jahr (in Mill. DM)	Zuwachs absolut	Zuwachsraten in %	Zuwachs-faktor 1976 = 1
76	100			
77	110	+ 10	+ 10 %	1,1
78	176	+ 66	+ 60 %	1,6

Beim arithmetischen Mittel würde die durchschnittliche Steigerungsrate der vergangenen 3 Jahre

$$\frac{10\,\% + 60\,\%}{2}$$

(falsche) 35 % betragen. Die richtige Zuwachsrate beträgt dagegen rund 33 %, ermittelt aufgrund der Beziehung:

$$M_g = \sqrt{1{,}1 \times 1{,}6} = 1{,}327$$

Auf den ersten Blick ist hier zwar die Differenz zwischen arithmetischem und geometrischem Mittel gering, bei einer großen Zahl von Zuwachsraten kann diese jedoch erheblich sein.

Das gewogene arithmetische Mittel

Unter bestimmten Bedingungen müssen Mittelwerte gewichtet werden. Dies dann, wenn Merkmalsträger mit unterschiedlichem Gewicht in die Berechnung eingehen müssen. Dazu ein Beispiel: In einem Industriezweig gibt es 7 verschiedene Wochen-Verdienstklassen, wobei sich die gesamte Arbeiterschaft folgendermaßen auf die einzelnen Verdienstklassen aufteilt:

Verdienstklassen (in DM)	Klassenmitte x_i	Anzahl der Arbeiter (in %) fi	Berechnungsspalte $x_i \cdot f$
20– 40	30	2	60
40– 60	50	16	800
60– 80	70	28	1960
80–100	50	33	2970
100–120	110	12	1320
120–140	130	6	780
140–160	150	3	450
		100	Σ 8340

$$\bar{x} = \frac{\Sigma x_i fi}{\Sigma fi} = \frac{8340}{100} = 83{,}40 \text{ DM}$$

Diese Berechnung ist unter der Annahme gemacht, daß die vorhandenen Fälle symmetrisch in den einzelnen Klassen verteilt sind. Im ungünstigsten Fall könnte es jedoch so sein, daß alle Arbeiter in einer Verdienstklasse nur den Minimalverdienst dieser Klasse erhalten oder auch umgekehrt. Man kann also ein kleinstmögliches und größtmögliches arithmetisches Mittel bestimmen. In unserem Falle:

Minimal-Durchschnittsverdienst			Maximal-Durchschnittsverdienst		
x_i minimal	*fi*	$x_i fi$	x_i maximal	*fi*	$x_i fi$
20	2	40	40	2	80
40	16	640	60	16	960
60	28	1680	80	28	2240
80	33	2640	100	33	3300
100	12	1200	120	12	1440
120	6	720	140	6	840
140	3	420	160	3	480
	100	Σ7340		100	Σ9340

$$\bar{x}_{\text{min}} = \frac{7340}{100} = 73{,}40 \qquad \bar{x}_{\text{max}} = \frac{9340}{100} = 93{,}40$$

$$\bar{x}_{\text{Durch}} = \frac{8340}{100} = 83{,}40$$

Die absolute Unsicherheitsspanne (Fehlerbereich) beträgt somit ± 10. Der durchschnittliche Bruttoverdienst der erfaßten Arbeiter pro Woche wird also mindestens 73,40 DM und höchstens 93,40 DM betragen.

Fazit:

In der Statistik handelt es sich sehr oft um die Beurteilung von Zahlenreihen. Hierbei kann es leicht zu Fehlschlüssen kommen, wenn wichtige Grundlagen, z. B. der Mittelwert, nicht beachtet werden.

Tabelle 2.1 Vorzüge und Nachteile der wichtigsten statistischen Mittelwerte

Name des Mittels	Art der Berechnung	Vorzüge	Nachteile
Arithmetisches Mittel	Summe der Reihenwerte, dividiert durch ihre Anzahl.	1. Leicht verständlich, leicht zu berechnen; 2. schließt alle Daten einer Reihe oder Gruppe ein; 3. ist eindeutig bestimmt; 4. eignet sich für Umrechnungen.	1. Kann den extremen (und oft abnormen) Werten zu viel Gewicht geben; 2. kann das Mittel auf einen Punkt legen, in dem nur wenig oder gar keine tatsächlichen Beobachtungen vorliegen.
Geometrisches Mittel	n-te Wurzel aus dem Produkt der n vorhandenen Reihenglieder.	1. Benutzt alle Daten; 2. ist eindeutig bestimmt, vorausgesetzt, daß alle Werte der Reihe oder Gruppe größer als 0 sind; 3. gibt den extrem hohen Werten geringeres Gewicht als das arithmetische Mittel.	1. Kann nicht benutzt werden, wenn ein Wert der Reihe 0 oder kleiner als 0 ist; 2. weniger leicht zu verstehen und zu berechnen als das arithmetische Mittel; 3. kann das Mittel auf einen Punkt legen, wo nur wenige oder gar keine tatsächlichen Beobachtungen vorliegen.
Median	Derjenige Wert der Reihe, der die ganze Reihe in zwei Hälften teilt, wobei die eine Hälfte nur größere, die andere nur kleinere Werte als den Median umfaßt.	1. Ohne Berechnung direkt zu finden, stellt meist einen realen Wert dar; 2. leicht zu verstehen; 3. schaltet extreme (und deshalb oft abnorme) Werte aus; 4. kann für sonst nicht vergleichbare Größen verwendet werden; 5. nur die Werte der mittleren Größen brauchen bekannt zu sein.	1. Bei unregelmäßiger Verteilung der Werte schwer anzugeben; 2. bei Gruppen nicht genau zu bestimmen; 3. nicht für mathematische Berechnungen verwendbar.

Name des Mittels	Art der Berechnung	Vorzüge	Nachteile
Modus	Der Wert der Reihe, der am häufigsten vorkommt.	1. Leicht verständlich; 2. schaltet extreme (und deshalb abnorme) Werte aus; 3. nur die Werte der mittleren Größen brauchen bekannt zu sein.	1. Häufig schlecht bestimmbar; 2. schwer genau festzulegen (besonders bei Gruppen); 3. nicht für mathematische Berechnungen verwendbar.

entnommen aus: R. Wagenführ: «Statistik leicht gemacht»

Einführung in die Stichprobentheorie

Um Erkenntnisse über einen Sachverhalt zu gewinnen, ist es vielfach notwendig, nicht sämtliche Merkmalsträger (z. B. die Gesamtbevölkerung) zu untersuchen, sondern nur eine repräsentative Stichprobe. Ziel dieses Verfahrens ist immer, möglichst brauchbare und gültige Aussagen über die entsprechende Grundgesamtheit zu erhalten.

Auf brauchbar und gültig liegt dabei die Betonung, da zwar jede beliebige Auswahl von Teilelementen aus der Grundgesamtheit eine Stichprobe bildet, jedoch gültige Schlußfolgerungen nur aufgrund von Stichproben gezogen werden können, die nach festgelegten und wissenschaftlich begründeten Regeln angelegt und damit repräsentativ für die Gesamtheit sind.

Forderungen an Stichproben

Das Wort «Stichprobe» geht auf die Warenprüfung zurück. Dazu ein Beispiel: Kommt bei einem Händler eine Sendung von 5 000 Bananen an, so wird er nur 50 Stück genau untersuchen. Sind diese alle einwandfrei, so nimmt er an, daß mit einiger Wahrscheinlichkeit fast alle 5 000 Bananen von guter Qualität sind. Mit anderen Worten: Der Händler überträgt das Ergebnis seiner Teiluntersuchung auf die übergeordnete Gesamtheit. Im Zusammenhang mit Stichproben stehen drei wichtige Fragen:

1. Wie groß soll die Stichprobe sein?
2. Wie muß die Auswahl der in die Stichprobe einzubeziehenden Elemente erfolgen?
3. Inwieweit kann man sich auf die Ergebnisse der Stichprobe verlassen?

Die Grundregel für die Ziehung von Stichproben lautet, daß jedes einzelne Element der Grundgesamtheit die gleiche Chance besitzen muß, in die Stichprobe mit einbezogen zu werden. Mit anderen Worten: Jedes Element kann mit derselben Wahrscheinlichkeit in die Stichprobe einfließen. Daher nennt man Stichproben, die dieser Forderung entsprechen, Wahrscheinlichkeitsstichproben – ein weites Feld für die Stichprobentheorie, die sich mit diesen Verfahren beschäftigt.

Warum Stichproben?

Stichprobenerhebungen werden durchgeführt, um Daten zu gewinnen, die für Entscheidungsprozesse nützlich und unentbehrlich sind. Die drei Hauptgründe, die für die Anwendung der Stichprobenverfahren sprechen, sind: Zeitersparnis, Kostenersparnis und Genauigkeit. Das alternative Verfahren zur Stichprobe ist die vollständige Erfassung jedes Teils einer Grundgesamtheit (Totalerhebung). Eine Stichprobenerhebung wird weniger kostspielig sein als beispielsweise eine komplette Volksbefragung, weil die Kosten für die Ermittlung aller Erhebungseinheiten höher sind als für einen Auswahlsatz. Dazu kommt der Zeitvorteil. Es nimmt viel weniger Zeit in Anspruch, Daten aus einer Stichprobe zu erheben und auszuwerten, als eine Gesamtheit erfassen und verarbeiten zu müssen. Paradoxerweise sind Stichprobenerhebungen auch oftmals genauer als Totalerhebungen. Dies liegt daran, daß Totalerhebungen, wie z. B. bei der Volkszählung (Zensus) eine große schwerfällige Organisation erfordern, wobei sich viele Fehler einschleichen können. In einer sauber angelegten Stichprobenerhebung ist es jedoch möglich, Fehler, die auf die Stichprobenbildung selbst zurückzuführen sind, richtig einzuschätzen und zu entscheiden, ob die Ergebnisse für den jeweils entsprechenden Zweck genügend zuverlässig sind. Totalerhebungen können oftmals auch aus praktischen Gründen nicht durchgeführt werden. Dazu ein Beispiel: Eine Firma stellt Blitzlämpchen für Fotozwecke her. Sie interessiert sich dafür, wieviel Prozent davon nicht funktionieren. Dies geht nur dadurch, daß die Blitzlämpchen ausprobiert und damit unbrauchbar gemacht werden. Durch eine Totalerhebung käme man zwar zu dem genauen Ergebnis – jedoch gleichzeitig wäre die gesamte Produktion vernichtet. Offenbar gibt es nur den Ausweg über eine Stichprobe, z. B. 500 Stück zu untersuchen und aus dem Ergebnis Rückschlüsse auf die Verhältnisse der Gesamtheit zu machen.

Einen wesentlichen Einfluß auf die Gültigkeit einer Aussage bzw. auf die Übertragbarkeit eines Stichprobenergebnisses auf die Grundgesamtheit hat zweifellos die Größe der Stichprobe. Hierbei gilt das Gesetz der großen Zahl. Dieses Gesetz geht davon aus, daß wenn eine Stichprobe genügend groß ist, der Stichprobenmittelwert sehr genau an den Mittelwert der Grundgesamtheit herankommt. Diese relativ banale Aussage wird erhärtet durch die Gesetzmäßigkeit, daß sich der Mittelwert der Stichprobe mit hoher Wahrscheinlichkeit dem der Grundgesamtheit nähert, wenn sich die Stichprobengröße in Richtung der Größe der Grundgesamtheit bewegt. Also: Je größer die Stichprobe, um so zuverlässiger das Ergebnis.

Erstaunlicherweise ist die Stichprobengröße jedoch völlig unabhängig von der Größe der Grundgesamtheit. Aufgrund mathematischer Ableitungen mit Hilfe von Näherungsformeln kann nämlich nachgewiesen werden, daß die absolute Größe der Grundgesamtheit überhaupt keine Rolle für die Größe der Stichprobe und damit die Präzision oder den Sicherheitsgrad der Aussage spielt. Entgegen der unter Nichtstatistikern weitverbreiteten Ansicht sind somit für die Güte einer Stichprobe nicht die Größe der Grundgesamtheit und das Verhältnis der Stichprobe zur Grundgesamtheit von ausschlaggebender Bedeutung, sondern nur der *absolute* Umfang der Stichprobe. Ob also beispielsweise bei einer Volksbefragung eine Stichprobe von $n = 500$ aus 100 000, 500 000 oder gar 30 Mio. herausgegriffen wird, ist für die Güte der Stichprobe nicht ausschlaggebend. In allen drei Fällen ergibt sich praktisch dasselbe Ergebnis.

Wie kann der Sicherheitsgrad, mit dem eine Aussage gemacht wird, verbessert werden? Zweifellos dadurch, daß die absolute Größe der Stichprobe erhöht wird. Die Güte einer Stichprobe nimmt aber im wesentlichen nicht proportional zu ihrem Umfang zu, sondern nur mit der Quadratwurzel. Mit anderen Worten: Eine Verdoppelung einer Stichprobe, beispielsweise von 300 auf 600 Fälle, bringt nicht automatisch eine Verdoppelung des Sicherheitsgrades mit sich.

Für eine mathematisch einwandfreie, uneingeschränkt gültige Zufallsstichprobe gilt folgende – bereits besprochene – Regel: Jede Erhebungseinheit muß die absolut gleiche Wahrscheinlichkeit haben, in die Stichproben zu gelangen. Diese Forderung ist gar nicht so leicht zu erfüllen. Sie kann beispielsweise dadurch gewährleistet werden, daß bewußt ein «gesteuerter» Zufallsmechanismus eingesetzt wird. Gemäß der Stichprobentheorie ist dies durch Würfeln, das Spielen von Roulette oder durch das Ziehen von Zahlen aus einer Urne möglich. Diese klassischen Verfahren bilden die Grundlage der Stichprobentheorie und sind als Würfel- und Urnenmodell in die Geschichte der Statistik eingegangen.

Das Werfen von Münzen, Würfeln oder das Drehen von Roulettescheiben wird aus Praktikabilitätsgründen bei der Ziehung von Stichproben jedoch meist ausscheiden. In der Praxis ist das Ausgangsmaterial meist so groß, daß man nicht mehr so einfach vorgehen kann.

Die Lösung des Problems liegt in der systematischen Anwendung spezieller Zufallstabellen, die durch den Computer erstellt werden.

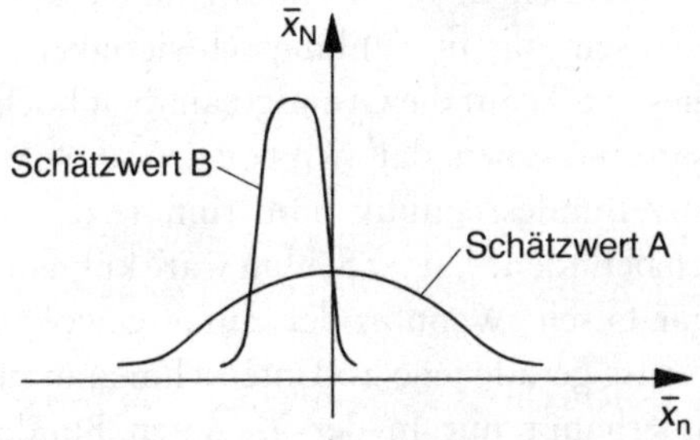

Bild 2.1 Verzerrte und nichtverzerrte Schätzwerte eines Mittelwertes für Stichproben der Größe n

Diese Tabellen werden mit Hilfe eines komplizierten Programmes gewonnen, um zu garantieren, daß sie sich absolut wie Zufallszahlen verhalten und nicht etwa eine «schiefe» Verteilung aufweisen (Bild 2.1). Einen Ausschnitt aus einer so gewonnenen Zufallstabelle zeigt das Schaubild.

Zufallszahlen

60	11	14	10	95	33	26	16	80	45
24	51	79	89	73	27	07	36	07	51
88	97	54	14	10	13	55	38	58	59
88	26	49	81	76	57	12	10	14	21
23	83	01	30	30	06	18	44	32	53
84	26	34	91	64	87	35	20	96	43
83	92	12	96	76	21	76	33	50	25
44	39	52	38	79	12	86	73	58	07
99	66	02	79	54	15	51	00	13	42
08	02	73	43	28	90	52	84	77	27

Schwankungsbreite von Ergebnissen

Aufgrund der Repräsentationsannahme ist jeder Nutzer von statistischem Datenmaterial geneigt, Ergebnisse aus einer Stichprobe auf die Grundgesamtheit zu übertragen. Beispielsweise werden bei Wahlen die Ergebnisse einer Stichprobe auf die Gesamtbevölkerung «hochgerechnet». Um sich jedoch auf die ausgewiesenen Prozentsätze verlassen zu können, muß man wissen, in welchen Toleranzgrenzen sie sich bewegen. In einer Stichprobe von 100 befragten Unternehmen in der Bundesrepublik können z.B. 20 Firmen vertreten sein, die in Zahlungsschwierigkeiten sind. Kann man einfach diese 20 % auf die Grundgesamtheit hochrechnen und damit zur Aussage kommen, daß sich von den rd. 80 000 Industriebetrieben in der Bundesrepublik immerhin 16 000 in Zahlungsschwierigkeiten befinden? Dieser Schluß wäre kühn und mit einiger Sicherheit sogar falsch. Wenn es der Zufall gewollt hätte, wären unglücklicherweise gerade jene 20 Unternehmen in die Stichprobe gelangt, die überhaupt nur in der gesamten Bundesrepublik in Zahlungsschwierigkeiten wären.

Für die Berechnung der Schwankungsbreiten gibt es mathematische Formeln, die in Tabellen und Arbeitsgrafiken ihren Niederschlag finden. Meist geht man von einer 95 %igen Wahrscheinlichkeit aus und kommt zu der Aussage, in welchen Schwankungsbreiten die ermittelten Ergebnisse liegen. Die Toleranzgrenzen der Ergebnisse hängen im wesentlichen von den beiden Faktoren Fallzahl (Größe der Stichprobe) und Merkmalsanteil (Ergebnis in

Prozent) ab. Bei einer höheren Fallzahl sind die Schwankungsbreiten der gewonnen Ergebnisse geringer; das gleiche gilt für Ergebnisse im Extrembereich.

Wie man die Unsicherheit bei den Aussagen aufgrund von Stichprobenergebnissen reduzieren kann, ist somit klar: durch höhere Fallzahlen (bei 1 000 zugrundeliegenden Fällen ist die Schwankungsbreite bei 50 % nur noch ± 3,2 % im Gegensatz zu ± 10 % bei nur 100 Fällen). Zum anderen sind extreme Anteile mit geringerer Unsicherheit behaftet: Das Ergebnis von 5 % z. B. (also 5 % der Befragten hatten angegeben, nackt zu baden) schwankt bei 1 000 Fällen nur um ± 1,4 % im Gegensatz zu ± 5,9 % bei 50 %.

Systematische Fehler und Zufallsfehler

Jede Stichprobe kann mit Fehlern behaftet sein. Dabei ist es wichtig zu wissen, ob diese Fehler rein zufällig entstanden sind und damit auf die Qualität der Ergebnisse keinen Einfluß haben (sogenannte wertneutrale Ausfälle) oder ob es sich um systematische Fehler handelt. Zufallsfehler entstehen dadurch, daß nur ein Teil der Gesamtheit in die Stichprobe einbezogen wird. Diese Fehler sind berechenbar und durch die Wahrscheinlichkeitsrechnung eingrenzbar. Dies geschieht durch die Berechnung der bereits dargestellten Vertrauensbereiche oder Toleranzgrenzen. Problematisch dagegen sind systematische Fehler. Systematische Fehler entstehen besonders bei mündlichen Befragungen, weil im allgemeinen nicht erreichte und damit nicht interviewte Personen eine andere Verteilung hinsichtlich der Untersuchungsmerkmale haben können als Personen, bei denen ein Interview zustande kam. Dazu ein Beispiel: Es soll ein repräsentativer Bevölkerungsquerschnitt befragt werden. Aus Kosten- und Bequemlichkeitsgründen entscheidet man sich für telefonische Befragung. Der systematische Fehler ist offensichtlich: Die unteren Schichten der Bevölkerung, die normalerweise kein Telefon besitzen, werden in der Stichprobe hoffnungslos unterrepräsentiert sein. Das Ergebnis dieser Untersuchung kann somit als nicht repräsentativ für die Grundgesamtheit – in diesem Fall die Gesamtbevölkerung – gelten.

Bei Marktbefragungen sollte daher sorgfältig die Methodenbeschreibung studiert werden, z. B. die Größe der Stichprobe, das angewandte Auswahlverfahren und die Ausfälle oder Verweigerungen, um die Zuverlässigkeit und Genauigkeit der ausgewiesenen Daten besser einschätzen zu können.

Fazit:

Die Stichprobentheorie basiert auf mathematischen Modellen. Im vorliegenden Artikel wurde versucht, auf mathematische Ableitungen und Formeln zu verzichten und allgemeingültige Gesetze und Zusammenhänge einfach darzulegen. Wer jedoch öfter mit Auswertungen von Zahlen, Anlagen von Statistiken und Ziehung von Stichproben zu tun hat, kommt um die genaue Kenntnis der mathematischen Grundlagen nicht herum.

Das statistische Jahrbuch

Das statistische Jahrbuch für die Bundesrepublik Deutschland wird alljährlich vom Statistischen Bundesamt in Wiesbaden herausgegeben. Es umfaßt rund 800 Seiten und kostet um die 60,– DM. Das Jahrbuch ist – man kann es ohne Übertreibung sagen – ein Standardnachschlagewerk und mithin die wichtigste sekundärstatistische Quelle für die Schöpfung außerbetrieblicher Daten. Im folgenden Beitrag soll dem «Nichtstatistiker» ein Überblick über Aufbau, Zusammensetzung und Inhalt des statistischen Jahrbuchs gegeben und einige Anregungen zu dessen Nutzung vermittelt werden.

Die Datenschöpfung

Das Statistische Bundesamt ist eine staatliche Institution. Die Datenerhebung erfolgt überwiegend durch schriftliche Befragungen, wobei von Gesetzes wegen jede natürliche und juristische

Person und jede Behörde zur Beantwortung der Fragen verpflichtet ist. Allgemein bekannt ist die Volkszählung, die in Form einer Totalerhebung zum letztenmal im Jahr 1987 durchgeführt wurde. Daneben spricht man oft vom sog. Mikrozensus, eine jährlich durchgeführte repräsentative 1%-Befragung von rund 200 000 Haushalten.

Der Aufbau des Jahrbuchs

Das gesamte Zahlen- und Tabellenwerk des Jahrbuchs ist in 25 große Bereiche aufgeteilt. Für die betriebliche Datenschöpfung sind davon folgende besonders wichtig:

- ☐ Bevölkerung und Bevölkerungsbewegung,
- ☐ Erwerbstätigkeit,
- ☐ Wirtschaftsorganisationen und Berufsverbände,
- ☐ Unternehmen und Arbeitsstätten,
- ☐ Industrie und Handwerk,
- ☐ Bauwirtschaft, Bautätigkeit, Wohnungen,
- ☐ Groß- und Einzelhandel, Gastgewerbe, Reiseverkehr,
- ☐ Außenhandel,
- ☐ Geld und Kredit,
- ☐ Preise, Löhne und Gehälter,
- ☐ volkswirtschaftliche Gesamtrechnungen und Zahlungsbilanz.

Des weiteren enthält das Jahrbuch einen internationalen «grünen» Teil (grün, weil auf farbigem Papier gedruckt), in dem vergleichbare Daten der einzelnen Länder zusammengetragen sind. Ein Beispiel: Von der gesamten Bevölkerung der BRD waren im Jahr 1971 44 % erwerbstätig; Japan hält mit 51 % die Spitze. In Obervolta sind mehr Frauen als Männer berufstätig (57 % zu 45 %).

Ein Tip für die Erhöhung der Aussagekraft der «trockenen» Statistik: Absolute Angaben zu einem Tatbestand sind wenig aussagekräftig. Erst Vergleiche mit anderen Bereichen oder der Zeitvergleich läßt die Ergebnisse plastisch werden.

Gezielte Suche

Einen schnellen Überblick und eine erste Orientierung über wichtige statistische Zahlen vermitteln die ersten Seiten des Werkes. Dort sind zusammenfassende Übersichten mit Auszügen aus den einschlägigen Tabellen abgedruckt. Auf einen Blick kann man beispielsweise ablesen, welche Entwicklung die Steinkohlenförderung in den letzten neun Jahren genommen hat oder welche Bevölkerungsverschiebungen es in der BRD gegeben hat. Das Sachregister am Ende des Buches enthält die wichtigsten Suchworte von «A» wie Abendschulen (deren Zahl von 49 im Jahr 1963 auf 152 im Jahr 1971 gestiegen ist), über «I» wie Inlandsumsatz der Industrie bis hin zu «Z» wie Zuzüge, Zuwanderungen. Dieses Register ist ein großes Hilfsmittel für eine gezielte Suche.

Bevölkerung und Bevölkerungsbewegung

Die 56,3 Mio. Einwohner der BRD, die es lt. letzter Volkszählung im Jahre 1987 gab, werden in ausführlichen Aufstellungen nach Altersgruppen, Familienstand, Bundesland usw. aufgegliedert. Diese Angaben sind besonders für die betriebliche Marktforschung bei der Errechnung von Absatzkennziffern notwendig. Ein Beispiel: Der Absatz von Wohnmöbeln wird grundsätzlich von vier Faktoren bestimmt sein: Kaufkraft – Bevölkerung – Eheschließung – Wohnungsbau. Über alle vier Bereiche können detaillierte Angaben den Tabellen des Stat. Jahrbuches entnommen werden.

Die Binnenwanderung innerhalb des Bundesgebietes läßt Rückschlüsse auf strukturelle Veränderungen zu. So hat West-Berlin eine negative, Bayern eine positive Zuzugsbilanz.

Arbeitsstätten, Industrie und Handwerk

Die Zuordnung der aufgeführten Unternehmen und Arbeitsstätten erfolgt nach der amtlichen Systematik der Wirtschaftszweige (Nomenklatur). Jeder wirtschaftlichen Institution wird gemäß ihrer Tätigkeitsbereiche eine feste Position zugewiesen. Beispielsweise sind alle Unternehmen der chemischen Industrie und Mineralölverarbeitung in der für diesen Zweig festgelegten Nummer 20 zu finden. Die umfangreichen Tabellen geben Aufschluß über die Anzahl der Unternehmen in den jeweiligen Wirtschaftszweigen, ihre Größe nach Beschäftigungszahl, Stellung der Beschäftigten im Betrieb und die Lohn- und Gehaltssumme der einzelnen Branchen. Für das eigene Unternehmen ist insbesondere die Kostenstrukturstatistik interessant, ermöglicht sie doch Vergleiche mit dem Branchendurchschnitt. Die Nettoproduktion je beschäftigter Person läßt auf den Grad der Rationalisierung und der Produktivität der jeweiligen Industriezweige schließen. Auf neun Seiten wird die Produktion ausgewählter Erzeugnisse in Mengeneinheiten und Produktionswerten aufgeführt. Auftragseingang, Investitionen und Energieverbrauch sind weitere Kriterien für eine Beurteilung der Leistungskraft der einzelnen Wirtschaftsbereiche.

Das Baugewerbe wird durch den Ausweis nach Beschäftigtenzahl, Umsatz, Investitionen und Gerätebestand (vom Betonmischer bis zur Straßenwalze), erteilte Baugenehmigungen und fertiggestellte Gebäude transparent.

Außenhandel

Wie bei fast allen übrigen Statistiken werden für die Darstellung des Im- und Exports Indexwerte verwandt. Dazu wird der Wert eines bestimmten Basisjahres mit dem Grundindex 100 versehen. Meist wird das Jahr 1962 als Basisjahr genommen. Die Tabellen weisen aus, daß beispielsweise die Importe der BRD vom Index 100 im Jahr 1962 (absolut 49 Mrd.) auf 268 (absolut 129 Mrd.) im Jahr 1972 stiegen. Das Gesamtvolumen des Warenaustausches mit den übrigen Ländern, die Einfuhr und Ausfuhr nach Warengruppen und die Zollerträge sind nur einige Informationen, die diesem Abschnitt des Stat. Jahrbuches entnommen werden können.

Preise, Löhne und Gehälter

Der bekannteste Index ist der Preisindex der Lebenshaltung, basierend auf über 150 000 Preistabellen für insgesamt 900 Waren und Dienstleistungen. Weniger bekannt ist der Index der Erzeugerpreise industrieller Produkte, der wesentlicher Anhaltspunkt für die Beurteilung der Produktivität der einzelnen Wirtschaftszweige ist. Die Erzeugerpreise in der Investitionsgüterindustrie sind seit dem Jahre 1962 um 22,9 % gestiegen. Im selben Zeitraum ist jedoch der Index bei der Herstellung von Rundfunk- und Fernsehgeräten von 100 auf 78,7 gesunken – deutlicher Beweis für Produktivitätsfortschritte in diesem Industriezweig.

Die durchschnittlichen Wochenarbeitszeiten und Bruttoverdienste der Arbeiter in Industrie und Handwerk werden nach den einzelnen Wirtschaftszweigen ausgewiesen. Diese Daten werden durch ständig laufende Verdiensterhebungen durch das Stat. Bundesamt aktualisiert.

Volkswirtschaftliche Gesamtrechnungen

Die volkswirtschaftlichen Gesamtrechnungen geben ein umfassendes und übersichtliches Abbild des wirtschaftlichen Geschehens. Hier lassen sich am zuverlässigsten Konjunkturschwankungen und langfristige Trends ablesen und Aussagen über die wirtschaftliche Leistung einer Volkswirtschaft treffen Bruttoinlandsprodukt, Volkseinkommen, Anlageninvestitionen und Außenbeitrag sind die wichtigsten Indikatoren.

Fachserien

Neben dem stat. Jahrbuch gibt das Bundesamt zahlreiche Fachveröffentlichungen, sog. Fachserien heraus (vgl. Kasten). In diesen kleinen Bänden werden über die Angaben des stat. Jahrbuches hinaus zusätzliche Ergebnisse aus einzelnen speziellen Fachgebieten veröffentlicht. Sie sind eine weitere Fundgrube statistischen Datenmaterials.

Fachserien des Statistischen Bundesamtes	
A	Bevölkerung und Kultur
B	Land- und Forstwirtschaft, Fischerei
C	Unternehmen und Arbeitsstätten
D	Industrie und Handwerk
E	Bauwirtschaft, Bautätigkeit, Wohnungen
F	Groß- und Einzelhandel, Gastgewerbe, Fremdenverkehr
G	Außenhandel
H	Verkehr
I	Geld und Kredit
K	Öffentliche Sozialleistungen
L	Finanzen und Steuern
M	Preise, Löhne, Wirtschaftsrechnungen
N	Volkswirtschaftliche Gesamtrechnungen

Fazit:

Das statistische Jahrbuch ist eine unerschöpfliche Quelle sekundärstatistischer Daten. Bei etwas Geschick und Ausdauer wird der auf den ersten Blick tot erscheinende Zahlenfriedhof zu einem ungeahnt farbigen Leben erweckt. Wenn es wieder einmal um die Beschaffung von Marktforschungsdaten geht, denken Sie an das statistische Jahrbuch.

Kapitel 3

PROFIS AN DIE FRONT: PRODUKTPOLITIK UND MARKETING-STRATEGIEN

Diversifikation – «das zweite Bein»

Diversifikation betreibt ein Unternehmen aus zweierlei Gründen: Zum einen ist sie eine Strategie der Wachstumsplanung – also ein Mittel zur Expansion, zum anderen sichert sie dadurch, daß sie dem Unternehmen eine breite Produktpalette schafft, Risiken bei unvorhersehbaren Marktentwicklungen ab. Daher der Ausdruck des «zweiten Beines», weil man bekanntlich auf zwei Beinen besser steht als nur auf einem.

Was ist Diversifikation?

Unter Diversifikation versteht man eine Unternehmenspolitik, die eine bewußte Ausweitung des Produkt- oder Leistungsprogramms des Unternehmens zum Ziel hat. Dabei muß es sich jedoch um Bereiche handeln, die für das Unternehmen zwar neu sind, aber doch in einem gewissen Zusammenhang mit der bisherigen Produktion stehen. Ziel der Diversifikation ist eine qualifizierte Steigerung der Leistungsfähigkeit des Unternehmens zum Zwecke eines langfristigen Wachstums und eines Risikoausgleichs.

Da es sich grundsätzlich um etwas Neues handeln muß, ist eine einfache Produkterweiterung oder Produktvariation (Produktdifferenzierung) noch keine Diversifikation. Das Gegenteil der Diversifikation ist die Simplifikation, bei der das Produktionsprogramm zum Zwecke der Spezialisierung eingeengt wird.

Hierzu einige Beispiele:

Diversifikationsprodukte sind neue Produkte, die aber in die Unternehmenspolitik passen müssen: Eine Klavierfabrik wird nicht in den Weingroßhandel einsteigen, aber eine Nähmaschinenfabrik kann auch andere Haushaltsgeräte herstellen.

Nachfolgeprodukte lösen lediglich das bisherige Produkt durch ein Nachfolgemodell ab. Beste Beispiele hierfür sind die Automobil- oder die Computerindustrie.

Produktvarianten sind dann vorhanden, wenn das Produkt noch in anderer Form angeboten wird, um den Markt besser zu befriedigen. Beispiele hierfür sind etwa Schallplatten und Musikkassetten oder die verschiedenen Modelle eines Fotoapparateherstellers.

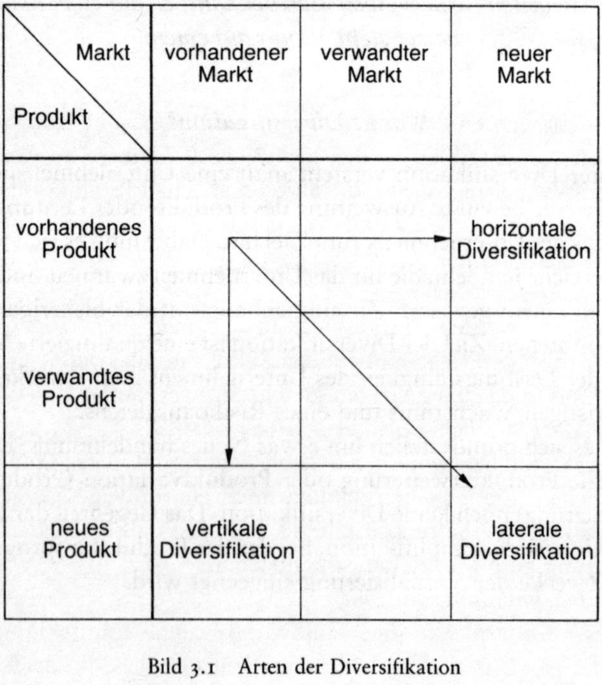

Bild 3.1 Arten der Diversifikation

Die Strategie der Diversifikationspolitik kennt ihrerseits noch verschiedene Varianten. Sie kann ein vorhandenes Produkt einem neuen Markt anbieten oder für den vorhandenen Markt ein neues Produkt entwickeln, oder sie kann ein neues Produkt für einen neuen Markt schaffen. Demzufolge unterscheidet man zwischen vertikaler, horizontaler und lateraler Diversifikation, was sich in einer Matrix (Bild 3.1) darstellen läßt.

Daneben kennt man noch die Konglomerat-Diversifikation, bei der zwischen der bisherigen Technologie und dem neuen Produkt keinerlei Beziehung mehr besteht, sowie auch die konzentrische Diversifikation, bei der immer neue Produkte, ausgehend von einer ähnlichen Technologie, entwickelt werden.

Theorien zur Diversifikationsfindung

Neue Produkte oder neue Märkte zu finden ist natürlich sehr schwierig angesichts eines Produktangebots, das keine Lücken läßt. Einige Theorien wurden entwickelt, um Möglichkeiten einer Diversifikation zu finden:

- ☐ *Das Konvergenz-Konzept:*
  Gesucht werden Produkte, die eine möglichst hohe Konvergenz (Gleichgerichtetheit) zu den bisherigen Produkten aufweisen – Produkte beispielsweise, die auf den gleichen Produktionsanlagen gefertigt werden können, so daß Investitionskosten für neue Anlagen entfallen;
- ☐ *das Synergie-Konzept:*
  Gesucht werden Produkte, bei denen der sogenannte «2 + 2 = 5»-Effekt eintritt, Produkte beispielsweise, die sich auf verschiedenen Märkten gleichzeitig verkaufen lassen;
- ☐ *das Marktnischen-Konzept:*
  Dieses wohl bekannteste Konzept sucht nach Lücken im Markt, in denen für das Unternehmen noch ein günstiges Angebots-Nachfrage-Verhältnis bestehen könnte, so daß bei dessen Ausnutzung gute Marktchancen entstehen;
- ☐ *das Nachahmungskonzept:*
  Dieses Konzept gibt die «Follow-the-leader»-Empfehlung, das heißt, das Unternehmen sucht keine neuen Produktideen, son-

dern ahmt mit einer gewissen Flexibilität die Produkte des Marktführers nach. Diese Strategie können wir in der Praxis recht häufig beobachten.

Die Diversifikation im Marketing-Konzept

Tragende Säule einer erfolgreichen Marketing-Strategie ist die Produktpolitik. In diesem Bereich ist auch die Diversifikation anzusiedeln. Sie ist ein wesentliches Instrument für den Marketing-Manager. Ziel ist – wie bereits erwähnt –, das Wachstum des Unternehmens langfristig zu sichern und eine risikomindernde Absatzpolitik zu betreiben, die die Unabhängigkeit von bestimmten Kunden oder Märkten bewirken soll. Wenn sich z. B. eine Firma darauf spezialisiert hat, Zulieferteile für die Automobilindustrie zu fertigen und zu liefern, wird sie von einer Krise in der Automobilindustrie unmittelbar mitbetroffen und hat keine Möglichkeit, auf andere Kunden oder Märkte auszuweichen, es sei denn, sie betreibt eine erfolgreiche Diversifikationspolitik. Diese Politik muß aber bereits eingesetzt haben, bevor die Wachstumsraten für die bisherigen Produkte zu sinken beginnen. Noch ein anderes Beispiel: Eine Firma, die Produkte herstellt, die man nur im Sommer benötigt, sollte sich unbedingt etwas einfallen lassen, was die Kunden auch im Winter brauchen.

Diversifikation ist zugleich auch Forschung und Entwicklung. Schon die Ideenfindung ist ein langwieriger Prozeß, der die Entwicklung des neuen Produkts mit zusätzlichen Risiken belastet, weil auch bei sorgfältigster Planung nie die Gewißheit besteht, daß das neue Produkt vom Markt überhaupt angenommen wird.

Diversifikation in der Praxis

Wie kommt man nun in der Praxis erfolgreich zu neuen Diversifikationsideen und -möglichkeiten? Über Theorie und Praxis der Ideenfindung gibt es in der Reihe «Management Wissen» ein eigenes Werk. Daneben gibt es natürlich noch eine ganze Reihe von Einflußfaktoren, die aus der täglichen betrieblichen Praxis resultieren, wozu man allerdings ein waches Auge und einen kreativen

Geist benötigt. Neben innerbetrieblichen Vorschlägen und Anregungen gibt es die Konkurrenzbeobachtung (Follow-the-leader-Strategie), z. B. auf Messen und Ausstellungen, es gibt das Gespräch mit den Kunden oder Fachexperten, das Studium der Literatur und der Fachzeitschrift. Oft erhält man auch neue Ideen durch eine intensive Beobachtung von Auslandsmärkten oder Zukunftstechnologien (Weltraum- oder Meeresforschung). Gerade die Weltraumforschung hat Impulse gegeben für die Entwicklung von Produkten, die es vor wenigen Jahren überhaupt noch nicht gab und die heute für uns selbstverständlich sind, wie etwa Taschenrechner oder Solarzellenuhren.

Eine relativ simple Art der Diversifikation, bei der sogar Forschung und Entwicklung weitgehend entfallen können, ist die Möglichkeit der Kooperation mit Firmen, die bereits auf dem Markt tätig sind, auf dem man sich betätigen will. Hierbei sind alle Spielarten der Kooperation möglich bis hin zur Beteiligung an oder 100 %-Übernahme der Kooperationsfirma.

Die Projektauswahl

Wenn man ein oder auch mehrere Projekte gefunden hat, die zur Diversifikation geeignet erscheinen, so sind zur Entscheidungsfindung noch eine Reihe von Faktoren zu beachten, die berücksichtigt werden müssen, wenn man mit der Diversifikation nicht Schiffbruch erleiden will.

Folgende Fragen sind dabei zu stellen und zu beantworten:

- ☐ Ist das Projekt für das Unternehmen sinnvoll und läßt es sich überhaupt in die Firmenpolitik integrieren? (Beispiel: Ein Verlag für religiöses Schrifttum wird keine Pornographie verlegen, auch dann nicht, wenn ihm dies einen finanziellen Erfolg versprechen würde = Verträglichkeit mit dem Programm der Firma.)
- ☐ Ist das Projekt mit den vorhandenen Produktionsanlagen technisch durchführbar oder bedarf es neuer Investitionen, die unter Umständen die Liquiditätslage des Unternehmens negativ beeinflussen? Oberster Grundsatz muß sein, daß neue Projekte nie so weit gehen dürfen, daß sie unter Umständen die Existenz des Unternehmens gefährden können.

☐ Stehen mehrere Projekte zur Auswahl, so ist zu prüfen, welche eine Fortsetzung der bisherigen Produktpolitik bedeuten und mit welchem man neue Märkte mit all ihren Risiken erschließen muß. Auch ist die mögliche Gewinnsituation zu prüfen. Geringes Risiko bedeutet im allgemeinen auch geringer Gewinn, hohes Risiko hohen Gewinn. Sind mehrere Projekte gleichzeitig in der Durchführungsphase, so sollte man die mit geringem Risiko mit denen mit hohem Risiko sinnvoll mischen und sich nicht nur den Projekten widmen, die einen hohen Gewinn versprechen, weil diese auch ein hohes Risiko beinhalten, das sich bei mehreren derartigen Objekten kumulieren kann.

Fazit:

Diversifikationsstrategie muß zu den Grunderfordernissen einer erfolgreichen Unternehmenspolitik gehören, weil Diversifikation – sofern sie richtig betrieben wird – langfristige Wachstumschancen beinhaltet, das Risiko minimiert und die Unabhängigkeit des Unternehmens sichert.

Quellen für neue Produkte

Durch Schaffung und Einführung neuer Produkte den Fortbestand des Unternehmens zu sichern, ist eine der wichtigsten Managementaufgaben. Doch das Risiko der Produkteinführung wird immer größer. Viele Sektoren sind ausgereizt; die Quellen für neue Ideen sprudeln langsamer. Es gilt daher, die vorhandenen Möglichkeiten noch besser und systematischer auszuschöpfen, noch konsequenter eine Innovations-Strategie zu betreiben.

Unternehmensexpansion und -innovation kann prinzipiell durch drei Aktivitäten geschehen: Zukauf, Vertragsforschung und Eigenentwicklung (Bild 3.2). Zukauf und Kooperation erfordert ein systematisches Abklopfen des Marktes. Wo sind interessante Kooperationspartner? Kann ich meine Angebotspalette durch Kauf abrunden oder erweitern? Läßt sich durch Kooperation mit wichtigen Lieferfirmen die Versorgung mit Rohstoffen sichern?

Externe Vertragsforschung ist eine weitere Möglichkeit der Expansion. Diese in den USA sehr beliebte Methode wird in Deutschland weniger angewandt. Vertragsforschung im technischen Sektor nimmt beispielsweise das Battelle-Institut in Frankfurt wahr.

Die letzte und wohl wichtigste Säule der Unternehmensexpansion ist jedoch die Eigenentwicklung. Dabei wird das vorhandene Know-how des Unternehmens, das Geist- und Finanzkapital, voll eingesetzt.

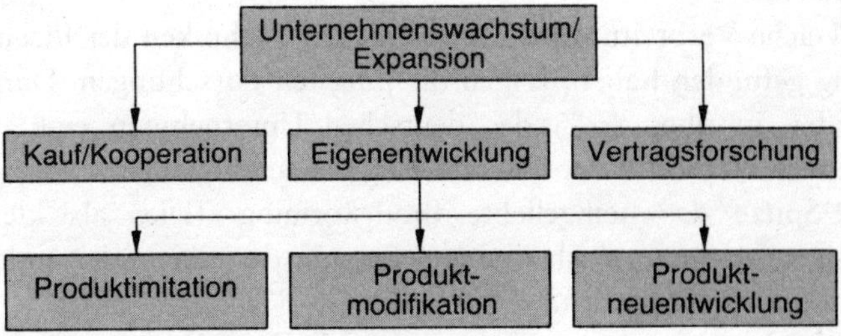

Bild 3.2 Träger der Unternehmensexpansion

Eigenentwicklung

Hierfür gibt es drei strategische Ansatzpunkte. Die einfachste Methode ist die Produktimitation, das Nachahmen bereits bewährter Produkte. Ihr Vorteil liegt in dem geringen, leicht überschaubaren Marktrisiko, den niedrigeren Kosten für Marktforschung, Produktentwicklung und Markttests. Der große Nachteil: Man wird immer nur der Zweite sein.

Produktmodifikation, das Abwandeln, Verändern bestehender Produkte, empfiehlt sich immer dann, wenn durch sinnvolle Ergänzung neue Zielgruppen angesprochen oder neue Verwendungsmöglichkeiten geschaffen werden. Typisches Beispiel ist die Modellpolitik in der Automobilindustrie.

Die Entwicklung absolut neuer Produkte und Technologien wird dem Unternehmen den nachhaltigsten Wachstums- und Umsatzstoß geben. Neue Produkte setzen neue Ideen voraus. Und neue Ideen setzen das systematische Anzapfen der verschiedensten Quellen voraus. Welche Quellen für neue Ideen und Produkte gibt es?

Ideen-Quellen

Eine der wichtigsten Quellen für neue Ideen ist die Anwendung der verschiedenen Ideenfindungsmethoden. Die bekanntesten, in der Praxis am häufigsten angewandten Verfahren sind das Brainstorming und der morphologische Kasten. «Exoten», wie die Methode 6 – 3 – 5, Brainwriting oder gar Synektik, sind dagegen kaum verbreitet. Eine ausführliche und genaue Beschreibung der wichtigsten Methoden ist in dieser Reihe unter dem Titel «Ideenfindung» erschienen.

Welche Verbreitung die verschiedenen Techniken der Ideenfindung gefunden haben, zeigen die jüngsten Forschungen. Danach werden in über 80 % der deutschen Unternehmen eine oder mehrere Methoden der Ideenfindung regelmäßig angewendet – an der Spitze das heißgeliebte Brainstorming. (Dies als kleiner Ansporn dafür, es doch einmal selbst mit der einen oder anderen Methode zu versuchen.)

Erleichtert wird die Wahl des geeigneten Verfahrens durch Tabelle 3.1. Darin sind die wichtigsten Beschreibungsmerkmale der jeweiligen Methode dargestellt. Die Leistungsfähigkeit – beurteilt am erzielbaren Arbeitsergebnis – wird den aufzuwendenden Kosten gegenübergestellt. Die Kosten setzen sich zusammen aus den Mitteln, die aufgebracht werden müssen, um die jeweilige Methode zu lernen und in der Praxis anzuwenden.

Spalte 1 zeigt in komprimierter Form, wie die Methode funktioniert. Der Reifegrad der produzierten Ideen (Spalte 2) gibt an, inwieweit die gefundenen Lösungsansätze bereits konkretisiert sind bzw. erst noch in eine realisierbare Lösung umgesetzt werden müssen. Je unkonventioneller die gefundenen Lösungen und je weiter sie von den bisherigen Produkten entfernt sind (Spalte 4), um so höher wird die Leistungsfähigkeit des angewendeten Verfahrens anzusetzen sein (Spalte 5).

Die Konkurrenz

ist eine weitere, unerschöpfliche Quelle für neue Ideen. Nein, nicht nur, um dasselbe zu machen wie die liebe Konkurrenz (nach dem Motto: Erfolgreiches soll man ruhig kopieren), sondern um Lücken in deren Angebot festzustellen, Ansatzpunkte für eigene Ideen und Aktivitäten zu finden. Dazu sollte man alles über die Konkurrenz in Erfahrung zu bringen suchen: was sie bietet, was sie hat, was sie sagt. Ihre Produkte, ihre Anzeigen, Preislisten, Marktforschungsunterlagen. Das Werbematerial der Konkurrenz beschafft der Außendienst, Anzeigen die Agentur, das Labor liefert Angaben über Produktzusammensetzungen.

Die so gewonnenen Fakten werden auf einem Arbeitsbogen systematisch aufgelistet. Erst dann kommt die eigentliche Kreativitätsarbeit nach dem Motto: «Was könnte noch sein, wie könnte es anders sein?» Als anzuwendende Suchmethode eignet sich in diesem Fall sehr gut der morphologische Kasten (Spalte 3).

Der Außendienst

kann – richtig eingesetzt – das wichtigste Ohr des Unternehmens am Markt sein. Die Reisenden, Vertreter, Verkaufsingenieure können durch ihre laufenden Kundenkontakte eine Menge wichti-

Tabelle 3.1 Übersicht über die Verfahren zur Ideenfindung

Beurteilungskriterien / Verfahren	1 Attribute Listing (Funktionsanalysen)	2 Forced Relationships (Funktionskombination)	3 Morphologie	4 Brainstorming	5 Synektik
1 Mechanismen der Ideenproduktion	Veränderung bisheriger Eigenschaften/Funktionen	Zusammenfassung bisher getrennter Funktionen zu Funktionskomplexen	Kombination aller denkbaren Alternativen	freie Assoziation durch Verbot von Kritik	Bildung von Analogien nach Verfremdung zur Problemlösung
2 Reifegrad der produzierten Ideen	erste Anregung	erste Anregung	relativ vollständiges gedankliches Modell	erste Anregung	vollständige Problemlösung bzw. deren gedankliches Modell
3 Komplexität der möglichen Problemlösungen bzw. Ideen	mittlere Komplexität	mittlere Komplexität	auch für techn. hochkomplizierte Probleme	gering	auch für techn. hochkomplizierte Probleme
4 Analogie zu bisherigen Produkten	hoch	hoch	fehlt bzw. gering	eher hoch	fehlt bzw. gering
5 Leistungsfähigkeit (Rang)	4.	3.	2.	5.	1.
6 Ausbildungsdauer	gering bis mittel	gering	Wochenkurse	gering	mehrere Tagesseminare

7 Zeitbedarf der Anwendung	gering bis mittel	gering bis mittel	mittel bis groß	mit Auswertung wenige Std./Tage	groß
8 Höhe der Anwendungskosten (Rang)	3.	4.	2.	5.	1.

Quelle: Schmitt-Grohé «Produktinnovation»

ger Informationen beschaffen – Informationen, an die der Innendienst nicht herankommt. Die Leute an der Verkaufsfront wissen vieles über den Markt, die Wünsche der Kunden, die Schwächen der eigenen Produkte, die Stärken der Konkurrenz.

Damit dieses Informationssystem jedoch funktioniert, müssen zwei Voraussetzungen erfüllt sein: Die Außendienstmitarbeiter müssen motiviert werden, die benötigten Informationen überhaupt zu beschaffen, und die Informationsbeschaffung muß organisiert werden.

Der Besuch von Messen und Ausstellungen

steht bei der Suche nach neuen Angebotsformen, verbesserten Produktionsverfahren, neuen Maschinen und Anlagen in der Gunst ganz weit oben. Dieses Ergebnis erbrachte u. a. eine Untersuchung über die verschiedenen Informationsquellen betrieblicher Fachleute. Folgende Informationsmöglichkeiten wurden genannt:

Fachzeitschriften	88 %
Messen und Ausstellungen	83 %
Angebote von Herstellerfirmen	71 %
Vertreter und Reiseingenieure	67 %
Gespräche mit Fachkollegen	58 %
Fachbücher	51 %
Fachanzeigen	48 %
Fachvorträge, Kongresse, Tagungen	48 %
Besichtigung anderer Unternehmen	47 %
Direktwerbung	45 %
Wirtschaftszeitungen	41 %

Entsprechend ihrer Bedeutung sollten die Messebesuche sorgfältig vorbereitet und geplant werden.

Welche Zulieferfirmen und Geschäftsfreunde will man besuchen, welche Konkurrenten heimsuchen (anonym?)? Oft lohnt auch der Blick über den Zaun. Von den ganz Großen, auch wenn sie nicht zur selben Branche gehören, kann man viel lernen. Und nicht nur von der profihaften Präsentation ihrer Exponate.

Reklamationen

werden oft als eine unangenehme Angelegenheit angesehen, die man möglichst unauffällig in Ordnung bringt und dann so schnell wie nur möglich vergißt. Daß Reklamationen der Ausgangspunkt entscheidender Produktverbesserungen sein können, wird dabei übersehen. Jede Beanstandung ist letztendlich die Vorstellung des Kunden von etwas Besserem – von einer besseren Problemlösung. Warum die Reklamation dann nicht systematisch festhalten und konsequent auswerten?

Das betriebliche Vorschlagswesen

als Quelle neuer Ideen und Produktverbesserungen ist in Deutschland leider noch völlig unterbelichtet. Während in den USA immerhin 400 Verbesserungsvorschläge auf je 1 000 Mitarbeiter kommen, sind es in der Bundesrepublik Deutschland ganze 60.

Im Prinzip sind die gleichen Anforderungen an das betriebliche Vorschlagswesen zu stellen wie an die Einbeziehung des Außendienstes an Problemlösungen. Motivation der Mitarbeiter, Aktivierung durch materielle und inmaterielle Anreize und zweckmäßige Organisation sind hier die Schlagworte.

Daß die *regelmäßige Nutzung und Auswertung von Fachzeitschriften* eine der wichtigsten Informationsquellen für neue Produkte und Verfahren darstellt, braucht wohl nicht besonders gesagt zu werden.

Auf die systematische Auswertung in- und ausländischer Literatur, Patente, Lizenzen als mögliche Ideenquellen sei ebenfalls hingewiesen.

Abschließend soll ein wichtiges, vielleicht sogar das wichtigste Erfordernis bei der Suche nach neuen Produkten erwähnt werden: das Nachdenken.

Richtiges Denken

Daß der Motor der Innovation langsamer läuft, liegt nicht zuletzt daran, daß wir viel zu wenig nachdenken: zu wenig, zu oberflächlich, nicht systematisch genug.

Auch für das richtige Nachdenken gibt es Anregungen und Empfehlungen. Hier sind einige wiedergegeben, die im wesentlichen auf Dr. Morawa, Leiter des «Institutes für Industrie und Wirtschaft», zurückgehen.

why not?
d. h. «warum denn eigentlich nicht?», sollte man sich bei jeder neuen Idee und jedem ausgefallenen Vorschlag fragen. Warum sollte man nicht die gewohnten Denkbahnen und den alten Trott durchbrechen und etwas völlig anderes tun, als das Unternehmen nunmehr seit mehr als 50 Jahre macht?

Es wird gehen!
Und wenn noch nicht heute, dann ganz bestimmt morgen. Vielleicht unter geänderten Vorzeichen. Was muß bis dahin alles geschehen? Kann man nicht vieles davon schon heute in Angriff nehmen? Diese Einstellung führt bestimmt zum Erfolg.

Wie sieht das Problem eigentlich richtig aus?
Welches sind die äußeren Einflüsse? Wie kann das Problem möglichst kurz und knapp beschrieben werden? Eine gute Methode ist, sich alles aufzuschreiben, oder noch besser, die Zusammenhänge aufzuzeichnen. Dadurch wird der Riesenberg, der sich vor einem auftut, schon bedeutend kleiner. Man erkennt Umrisse, Strukturen, Zusammenhänge; man sieht klarer. Und es hilft zudem, konzentrierter nachzudenken.

Kann etwas weggelassen oder hinzugefügt werden?
Eine undurchführbare Idee kann schon dadurch realistischer werden, daß einzelne Bestandteile wegbleiben. Der Raketenmotor hat beispielsweise für das konventionelle Auto wenig Aussicht auf Realisierung. Der nach ähnlichen Prinzipien funktionierende, weitaus einfachere Turbolader hatte jedoch echte Chancen auf Kommerzialisierung. Man frage sich, ob die Ursprungsidee eine sinnvolle Ergänzung benötigt, mit der sich dann das Prädikat «undurchführbar» schlagartig ändert. Vielleicht durch eine andere Problemlösung oder dadurch, daß etwas anderes kombiniert wird.

Gibt es woanders vielleicht schon die Lösung?
Nachdenken darüber, ob es woanders ähnliche Probleme gibt, die auch gelöst wurden. Kann man es übertragen? Hat der erwähnte Turbolader nicht die Leistung von Rennwagen auf fast unglaubliche Weise erhöht? Kann er dann nicht auch müde Dieselmotoren munter machen? Also gedanklich umschalten!

Wie löst der Mitbewerber das Problem?
Denn der Mitbewerber kennt am besten unsere Stärken und Schwächen. Von seiner Warte die Dinge sehen bringt unkonventionelle, aber realistische Lösungsansätze. Hat man Schwierigkeiten, sich in den anderen hineinzuversetzen, spielt man das im Team durch – mit verteilten Rollen.

Fazit:

Unerschöpflich sind die Quellen für neue Produkte, Verfahren, Dienstleistungen und Problemlösungen. Sie erfolgreich anzuzapfen und damit kräftig sprudeln zu lassen, darin liegt die Kunst. Kreativität, systematisches Arbeiten und vor allem Nachdenken, das sind die Schlüssel zum Erfolg. Sie sind zugleich Antwort auf die Frage: «Neue Produkte – Zufall oder System?»

Die Einführung neuer Produkte

Neue Ideen, völlig neue Produkte und unkonventionelle Angebotsformen halten den Markt ständig in Bewegung. Das erfolgreiche Produkt von heute mag schon der unverkäufliche Ladenhüter von morgen sein. Produktinnovation, die ständige und systematische Suche nach neuen Ideen, ihre Realisierung und Durchsetzung am Markt ist unternehmerisches Gebot. Das folgende will Gesetzmäßigkeiten aufzeigen, die Möglichkeiten der Planung und Entwicklung neuer Produkte darstellen, Denkanstöße vermitteln.

Das Risiko der Produkteinführung

Daß die Entwicklung und Markteinführung neuer Produkte nicht gerade risikolos ist, liegt in der Natur der Sache – sprich den Marktmechanismen. Beispiel aus Amerika, dem Land der unbegrenzten Konkurrenz, lassen manchen dynamischen Produkteinführer in Deutschland erschaudern. Die Flop-Quote (das ist die Versagerquote) liegt in den USA bei Konsumgütern bei 40 %, im Investitionsgüterbereich bei 20 %. Flops sind teuer: Das Experiment, ein neues, synthetisches Leder namens CORFAM einzuführen, kostete den amerikanischen Chemiegiganten Dupont rund 100 Mio. Dollar. Kein Wunder, daß gerade in den USA ständig an neuen, verbesserten Methoden der Produktplanung gearbeitet wird.

Die Zahl der am Markt fehlgeschlagenen Produkte (und nur darauf bezieht sich der Ausdruck Flop) wäre noch viel größer, müßte nicht jede Idee für ein neues Produkt durch verschiedene Filter. In den verschiedenen Stadien der Entwicklung wird immer wieder die Entscheidung fallen müssen: weitermachen oder einstellen? Der Zusammenhang zwischen Ausfallquote von neuen Produktideen auf den unterschiedlichen Entwicklungsstufen und den dadurch entstandenen Kosten zeigt Tabelle 3.2.

Von 64 neuen Produktideen... durchliefen die verschiedenen Entwicklungsstufen mit Ausfällen, die jeweils Kosten verursachten (Tabelle 3.2):

Tabelle 3.2 Kosten der Produkt-Neueinführung

Entwicklungsstufen	Erfolgsquote (erfolgreich : nicht erfolgreich)	Kosten	Summe/Kosten
Bewertung und Auswahl der Ideen	1 : 4	1000,–	64 000,–
Konzeptionstest	1 : 2	20 000,–	320 000,–
Entwicklung der Prototypen	1 : 2	200 000,–	1 600 000,–
Testmarkt	1 : 2	500 000,–	2 000 000,–
nationale Markteinführung	1 : 2	5 000 000,–	10 000 000,–
Summe	1 : 64	5 721 000,–	13 884 000,–

Ein erfolgreiches Produkt muß somit die Kosten von 64 nicht erfolgreichen, in verschiedenen Stadien der Entwicklung abgestoppten Produkten tragen. In unserem (konkreten) Beispiel immerhin 13 Mill. DM. Dabei wird es gerade im letzten Stadium der Produkteinführung teuer.

Daraus lassen sich einige Grundsätze für die Einführung neuer Produkte ableiten:

- ☐ es ist besser, eine möglicherweise gute Idee zu killen, als eine schlechte Idee durchgehen zu lassen,
- ☐ die beste Arbeit sollte am Anfang geleistet werden,
- ☐ die Anwendung wissenschaftlich abgesicherter Methoden minimiert das Risiko eines Fehlschlages.

Als Gründe dafür, warum Produkteinführungen fehlschlagen, kommen mehrere Faktoren in Betracht. Eine Umfrage bei Unternehmen, die Erfahrungen mit der Einführung neuer Produkte haben, ergab folgende Versagergründe:

- ☐ keine geeignete Organisation für die Neuproduktplanung vorhanden 84 %
- ☐ Fehlen einer exakten Marktforschung (Voruntersuchungen, Produkt- und Markttests) 26 %
- ☐ keine effektvollen Planungsverfahren 26 %

- ☐ Fehler in der Koordination und Planung 26 %
- ☐ keine exakten Qualitätskontrollen 24 %
- ☐ keine wirklich kreativen Produktideen 10 %
- ☐ schlecht ausgebildetes Personal 11 %

Mit weitem Abstand vor allen anderen Gründen für das Versagen wurde also einer genannt: das Fehlen einer geeigneten Organisationsform im Unternehmen zur Neuproduktplanung. Der zentrale Ansatzpunkt, die Versagerquote neuer Produkte zu verringern, liegt darin, die Planung und Entwicklung neuer Produkte nicht mehr oder weniger dem Zufall zu überlassen, sondern wirksam zu organisieren.

Organisation der Produktentwicklung

Wer im Unternehmen soll für die Planung und Entwicklung neuer Produkte verantwortlich sein? Welches ist die beste Organisationsform? Die Praxis kennt fünf grundsätzliche Möglichkeiten, jede mit Vor- und Nachteilen verbunden:

Der Produkt-Manager: Er ist häufig in der Konsumgüter- und Markenartikelindustrie anzutreffen. Der Produkt-Manager ist voll für die von ihm betreuten Produkte verantwortlich, auch für ihren Erfolg oder Mißerfolg. Als Linienverantwortlicher stehen ihm die Arbeit und Dienste der verschiedenen Stabsabteilungen – z. B. der Werbeabteilung – zur Verfügung, die er koordiniert. Ist nun der Produkt-Manager auch verantwortlich für die Einführung neuer Produkte (nach dem Motto: «das machen Sie doch noch mit»), so hat dies einen großen Nachteil: Da er voll im Tagesgeschäft steckt, wird er meist weder Zeit noch den Kopf genügend frei haben, sich um neue Produkte zu kümmern. Dazu wird er immer vom bestehenden Programm oder Produkt ausgehen. Etwas wirklich Neues wird er kaum schaffen.

Der Planer und Entwickler: Er ist Spezialist, alleinverantwortlich für die Planung, Entwicklung und Markteinführung neuer Produkte. Meist ist er «Einzelkämpfer», der Konzeptionen entwickelt und sie realisiert. Dazu bedient er sich der Hilfe anderer Abteilungen, indem er deren Arbeit koordiniert und dort eingreift, wo es hakt. Er sorgt für die Einhaltung der Zeit- und Kostenpläne. Obwohl er keine Linienautorität und damit «Befehlsgewalt» hat, kann er eines Tages mit dem erfolgreichen neuen Produkt eine Linienposition übernehmen. Der große Haken dieser Organisationsform: Den Planer und Entwickler gibt es äußerst selten, denn dieser muß eine Art Überpersönlichkeit sein. Er muß mit den innerbetrieblichen Gegebenheiten und Besonderheiten vollkommen vertraut sein.

Dazu muß er ständig neue Ideen produzieren – wozu ist er schließlich da – und diese dann realisieren. Und wer kann das schon?

Der Planungsstab: Er besteht aus Mitgliedern der unterschiedlichsten Unternehmensbereiche. Der Finanzmann sitzt neben dem Leiter der Verkaufsförderung, der Betriebsleiter neben dem Marktforscher. Meist hat ein hierarchisch hochangesiedeltes Glied die Leitung des Kreises inne. Regelmäßig kommt man zusammen, um neue Ideen und Vorschläge zu diskutieren, Ziele zu setzen und Teilaufgaben den einzelnen Teilnehmern zu übertragen.

Die mangelnde Effektivität dieser – im übrigen sehr beliebten – Organisationsform ist darin zu suchen, daß im Grunde niemand verantwortlich ist. Man produziert zwar eine Menge neuer Ideen, scheitert aber meist an der Realisierung.

Die Planungsabteilung: Sie ist zeit-, kosten- und budgetmäßig autark. In ihr arbeiten die verschiedenen Spezialisten aus der Technik, dem Marketing und anderer Unternehmenssparten zusammen, um die Ideen zu realisieren. Die Gefahr einer solchen Abteilung besteht immer darin, daß sie zum Selbstzweck wird, ihre Effektivität von dem abhängt, dem sie gerade unterstellt ist, oder daß sie – gewollt oder ungewollt – in eine gefährliche Isolation gerät, weit weg vom Tagesgeschäft. Das Ergebnis ist an einer niedrigeren «Ausstoßquote» und einer höheren Flopquote abzulesen.

Das Projektteam arbeitet für ein bestimmtes Projekt für eine genau definierte Zeitspanne zusammen. Im Idealfall sind die einzelnen

Teammitglieder für die Zeit der Realisierung eines neuen Projektes von ihren üblichen Funktionen befreit. Dadurch wird das Gespenst der übermächtigen Tagesarbeit gebannt und das Team zusammengeschweißt. Jedes Mitglied übernimmt für bestimmte Entwicklungsaufgaben die Verantwortung. Die personelle Zusammensetzung des Teams ändert sich im Laufe des Entwicklungsprozesses mit den sich verändernden Aufgabenstellungen.

Fazit:

Systematische Produktplanung bedarf einer Reihe von Voraussetzungen, deren wichtigste die Marktkenntnis ist. Produktinteresse, Bedarf und Preisvorstellungen des potentiellen Käufers müssen dem Planer ebenso geläufig sein wie genaue Kenntnis von Konkurrenzprodukten.

Wo eine Planungsstelle im eigenen Unternehmen anzusiedeln ist, muß nach dessen organisatorischen Strukturen entschieden werden. Gleiches gilt für die Besetzung, wobei Mischformen der aufgeführten Alternativen durchaus sinnvoll sind.

Erfolgreiche Profilierung von Produkten

Durch die Form-, Namens- und Farbgebung sowie eine entsprechende Verpackung wird dem Produkt ein individuelles Gesicht gegeben. Dadurch bekommt es sein spezifisches Profil und unterscheidet sich von der Konkurrenz. Hierbei müssen Grundsätze der Gestaltungspsychologie, der Farbenlehre, der Lerntheorie und verschiedene Modelle der Marktpsychologie beachtet werden.

Ausgangspunkt für die Gestaltung eines Produktes ist das Bedürfnis der Verbraucher. Ein neues Produkt wird nur dann erfolgreich sein, wenn es in seiner Beschaffenheit den Wünschen der Konsumenten entspricht. Diese Forderung gilt besonders für den

Käufermarkt. Ein neues Produkt mag technisch voll ausgereift und in funktioneller Hinsicht allen Anforderungen gewachsen sein – über seinen wirtschaftlichen Wert entscheidet letztlich der Markt, auf dem sich das Produkt durchsetzen muß. Ausgangspunkt ist die Nutzenerwartung der potentiellen Käufer.

Grund- und Zusatznutzen

Dabei unterscheidet man prinzipiell nach Grundnutzen und dem Zusatznutzen eines Produktes (Bild 3.3). Der Grundnutzen ist bestimmt durch die technischen Gegebenheiten, die objektive Verwendbarkeit. Der Grundnutzen eines Autos beispielsweise liegt in seiner Funktion als Fortbewegungsmittel. Es befördert Personen, transportiert Gegenstände – man kann mit ihm zur Arbeit oder in

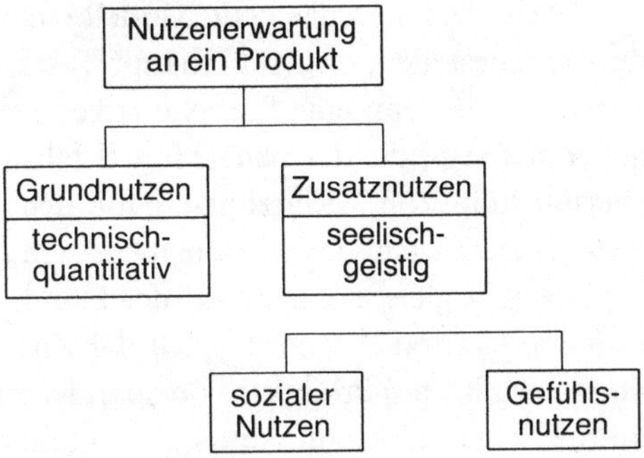

Bild 3.3 Grund- und Zusatznutzen eines Produktes

Ferien fahren. Neben diesem Grundnutzen hat das Auto jedoch einen beträchtlichen Zusatznutzen, einen immateriellen, nicht unmittelbar festlegbaren Wert. Dieser Wert ist der sogenannte soziale Nutzen, also der Nutzen, der sich durch unsere Umwelt, durch unsere Einbettung in die Gesellschaft ergibt. Er drückt sich in sozialer Anerkennung aus. Beim Auto z. B. kann der Zusatznutzen sein: Prestige, Repräsentation, Anerkennung.

Ein Porsche-Fahrer lebt heute angesichts von Geschwindigkeitsbegrenzungen und verstopften Straßen weitgehend vom Zusatznutzen. Er zehrt vom Gefühl der großen weiten Welt, des «Jet-set», der Möglichkeit, sich von der großen, breiten Masse distanzieren zu können. Das gleiche Motiv findet man übrigens am entgegengesetzten Ende der PS-Skala, bei CV-Fahrern. Non-Konformismus als Zusatznutzen, Individualität als Unterscheidungsmerkmal. Die Höhe des sozialen Nutzens wird im wesentlichen dadurch festgelegt, inwieweit der Gebrauch eines Produktes die Distanzierung von der «großen Masse» erlaubt. Der gesellschaftliche Nutzen eines Produktes wird um so geringer sein, je einheitlicher und serienmäßiger die Objekte sind.

Das menschliche Streben nach sozialem Nutzen, sich von den anderen zu unterscheiden, ist im Geltungsbedürfnis und dem Hang zur Vorführung des Erreichten begründet. Der Mensch strebt nach Auffälligem und Hervorstechendem, um seine wesenseigene Besonderheit zu demonstrieren. Aus dieser Haltung erklärt sich auch das Phänomen, daß viele Personen das neue Modell einer Automarke weit im voraus fest bestellen, ohne überhaupt Testberichte abzuwarten oder geschweige denn eine Probefahrt gemacht zu haben. Sie wollen die ersten sein, die das neue Modell fahren.

Daß die Vermittlung von Zusatznutzen für den Erfolg eines neuen Produktes immer wichtiger wird, je mehr sich die Produkte in technischer Hinsicht gleichen, liegt auf der Hand.

Bei Konsum- und Verbrauchsgütern spielt der Zusatznutzen oft eine entscheidende Rolle, um Produkte voneinander zu unterscheiden. Waschmittel, Zigaretten und Autos, Stereoanlagen, Filmkameras als «lebensverfeinernde Güter» haben einen hohen Anteil an sozialem Nutzen und Gefühlsnutzen. Lebensnotwendige Güter wie Grundnahrungsmittel sowie Investitionsgüter werden hauptsächlich wegen ihres Grundnutzens gekauft. Dennoch ist auch im industriellen Bereich zu beobachten, daß immer mehr versucht wird, über den rein technischen Grundnutzen auch Zusatznutzen zu bieten. Er besteht vielfach in der Vermittlung eines Gefühls von Sicherheit, von Erfahrung, von Vertrauen in ein Angebot.

Produktgestaltung ist immer eine schöpferische Tätigkeit. Sie hat das Ziel, einem Erzeugnis eine Erscheinungsform zu geben, die dem Geschmack und dem technisch-qualitativen Anspruch der Verbraucher entspricht. Gleichzeitig soll sich das Produkt durch seine Form von Konkurrenzprodukten wirkungsvoll unterscheiden.

Ein Produkt muß so gestaltet werden, daß es erfüllt

- □ was die Funktion fordert,
- □ was die Produktion verlangt,
- □ was der Markt wünscht.

Bei der Formgebung spielen die Grundsätze der Gestaltungspsychologie eine große Rolle. Dies mag folgendes Beispiel verdeutlichen, welches die Notwendigkeit einer guten, prägnanten Form unterstreicht: Die Gestaltspsychologie kennt das Gesetz der «Figur-Grunddifferenzierung». Danach hebt sich eine festumrissene Figur deutlich vom Grund ab. Daß die Zuordnung «was ist Figur – was Grund» jedoch nicht immer eindeutig vorzunehmen ist, beweisen sog. Vexierbilder (Bild 3.4). Hier lautet die Preisfrage: Was sieht der Betrachter? Ein Pokal oder zwei Gesichter?

Bild 3.4 Pokal oder Profile?

Das Design

Design als besonderer Ausdruck der Formgebung ist im Konsumgüterbereich zur Selbstverständlichkeit geworden. Kein neues Automodell, kein neuer Elektrorasierer, kein Rasenmäher würde ohne eine entsprechende und funktionale Gestaltung einen Käufer finden. Auch im Investitionsgüter-Bereich wird mehr und mehr die Wirksamkeit der Produktgestaltung als Mittel zur Profilierung und zur Unterstreichung der Funktionalität erkannt. Durch die Tätigkeit des Designers wird erreicht, daß die Identität der Produkte mit dem Hersteller augenfällig wird; die Maschinen erhalten ein eigenes Gesicht, ohne dadurch ihre Funktion einzubüßen.

Der Produktname

Im Rahmen der Produktgestaltung muß auch dem Produktnamen eine wesentliche Bedeutung zuerkannt werden. Dies zeigt das Beispiel der Automobilindustrie. Alle großen Hersteller haben sich zahlreiche Namen für neue Modelle schützen lassen, um bei Bedarf darauf zurückgreifen zu können. Zwischen Form und Namen besteht eine enge Beziehung, was bei der Namensfindung berücksichtigt werden muß. Bestimmte Namen lösen fest umrissene Vorstellungen aus; ein «weiblicher» Name für ein «männliches» Produkt würde zu einem Identitätsbruch führen. Preisfrage: Welche der beiden Figuren in Bild 3.5 heißt Takete, welche Maluma?

Die Zuordnung erscheint eindeutig. (Lösung: Figur 2 = Takete, Figur 1 = Maluma.) Im deutschen Zeitschriftenwesen gibt es ein

Bild 3.5 Männliches und weibliches Symbol

Beispiel, wie ein Symbol, ein Markenzeichen, für eine gesamte Konzeption stehen kann: Das Magazin «Stern» hat als Symbol ein spitzes, aggressives, männliches Zeichen, die Illustrierte Quick ein rundes ausgesprochen weiblichen Symbol – ein Q.

Hier steht das Symbol für die Gesamtkonzeption einer Zeitschrift. Der Produktname gehört immer zu den imagebildenden Faktoren. Von ihm kann eine positive oder negative Wirkung auf den Konsumenten ausgehen, was letzten Endes seine Entscheidung beeinflußt.

Die Wirkung der Farbe

Farben können ein ganzes Spektrum von Gefühlsregungen auslösen: Einige Farben erregen, andere beruhigen, einige stimmen froh, andere traurig. Weiß gilt als Symbol für Sauberkeit und Ordnung und wird deshalb in Krankenhäusern und Laboratorien bevorzugt. Kinder lieben häufig die Farbe Orange. Sie wirkt ebenso freudig und lebensfroh wie die Kleinen. Rot ist die eindringlichste aller Farben. Sie wirkt anregend, belebend aktiv und wird häufig mit Leidenschaft und Liebe in Verbindung gebracht. Blau ist die Farbe der Sehnsucht, Beständigkeit. Sie vermittelt Ruhe, Frieden, bringt ein Gefühl der Ferne, aber auch leicht der Kälte. Grün schließlich, die Farbe der Natur und des Wachstums, wirkt ruhig und neutral. Die von den einzelnen Farben ausgehenden Gefühlsregungen müssen mit dem Verwendungszweck des Produktes übereinstimmen. Nur dann empfindet der Verwender das Produkt als Einheit.

Verschiedene Menschentypen bevorzugen auch bestimmte Farben. Soziologen haben nachgewiesen, daß seelisch ausgeglichene Menschen gedämpfte und neutrale Farben bevorzugen. Arme und ungebildete Leute haben nach diesen Erfahrungen oftmals eine Vorliebe für leuchtende Farben wie Rot und Orange; deshalb findet man in Elendsvierteln häufig grell-bunte Farben. Daß Männer und Frauen unterschiedliche Farben bevorzugen, zeigt die Mode.

Fazit:

Bei der Entwicklung neuer Produkte hat die Produktgestaltung eine wichtige Funktion. Durch die richtige, aufeinander abgestimmte Wahl des Materials, des Designs, der Farbe, des Produktnamens und der Verpackung entsteht ein geschlossenes Produktbild, eine eigene Produkt-Persönlichkeit. Die damit erreichte Unterscheidung von Konkurrenzprodukten ist eine wesentliche Voraussetzung für den Markterfolg.

Prüfmethoden und Markttests

Um aus einer großen Anzahl von Produktideen möglichst rasch und problemlos die verwertbaren von den unbrauchbaren auszusondern, muß eine qualitative Bewertung der Ideen und der Entwicklungsvorhaben vorgenommen werden. Zunächst gilt es, alle wichtigen Bewertungsfaktoren zusammenzustellen. Dies kann mit Hilfe einer Checkliste geschehen, wie sie im folgenden Artikel näher beschrieben wird.

Wer sollte die Bewertung vornehmen? Der Chef, der Spezialist, die Sekretärin? Oder ist gar der berühmte Putzfrauentest am zuverlässigsten? («Frau Meier, wie beurteilen Sie mit Ihrem gesunden Volksempfinden unsere neue Anzeigenkampagne?»)

Zum anderen: Hinter der berühmten feinen Nase, dem «unternehmerischen Gespür», von Inhabern und Top-Managern verbergen sich vielfach unternehmerische Kurzsichtigkeit und zähes Verfolgen von Lieblingsideen. Daher ist die Verbreiterung der Entscheidungsbasis dringend erforderlich.

Es wird daher das beste sein, wenn Mitarbeiter der verschiedensten Unternehmensbereiche zur Beurteilung herangezogen werden. Jeder gibt seine Meinung aufgrund seiner eigenen Erfahrung wieder. Die Summe dieser subjektiven Meinungen bringt schließlich ein Ergebnis, das wirklichkeitsnäher und abgesicherter ist als die Meinung eines einzelnen.

Bewertungskriterien und Bewertungsskala

Ausgangspunkt für die Beurteilung einer Produktidee sind die vorhandenen unternehmerischen Voraussetzungen, das Know-how, das Potential des Betriebes. Dazu kommen die Marktchancen. Das betriebliche Eignungspotential und die wahrscheinlichen Chancen sind nach den drei Fachbereichen Produktion, Marketing und Finanzen zu gliedern. Je nachdem, in welchem Umfang die Voraussetzungen gegeben sind und wie die Chancen des Vorhabens beurteilt werden, kommen Bewertungspunkte zur Verteilung. Eine vielfach angewandte Bewertungsskala reicht von minus 1 bis plus 2. Das folgende Beispiel zeigt, wie bei der Bewertung einer Produktidee vorgegangen werden kann (siehe Tabelle 3.3).

Tabelle 3.3 Checkliste: Beurteilung einer Produktidee

A Beurteilung des Marktes	
1 *Marktsituation*	
– sehr kleiner wechselhafter Markt	– 2
– stagnierender, ausgereifter Markt	– 1
– ziemlich großer, stabiler Markt	+ 1
– äußerst stabiler Markt	+ 2
2 *Markttrend*	
– schrumpfender Markt	– 2
– stagnierender Markt	– 1
– wachsender Markt	+ 1
– stark expansiver Markt	+ 2
3 *Konkurrenzsituation*	
– mehrere unmittelbar konkurrierende Produkte	– 2
– mehrere, in gewissem Umfang konkurrierende Erzeugnisse	– 1
– ein oder zwei im weiteren Sinn konkurrierende Produkte	+ 1
– keine Konkurrenzerzeugnisse vorhanden	+ 2
B Beurteilung des Marketing	
1 *Bestehendes Produktionsprogramm*	
– völlig neuer Produkttyp	– 2
– etwas verschieden	– 1
– nur geringer Unterschied	+ 1
– paßt genau ins Programm	+ 2
2 *Substitutionsgefahr*	
– ersetzt bestehendes Produkt	– 2
– verringert andere Umsätze etwas	– 1
– verlagert bestehende Umsätze kaum	+ 1
– steigert den Umsatz der anderen Produkte	+ 2
3 *Anzahl der potentiellen Abnehmer*	
– sehr wenige	– 2
– einige wenige	– 1
– mehrere	+ 1
– sehr viele	+ 2
4 *Verbrauchervorteile*	
– gleiche Qualität bei höherem Preis	– 2
– konkurrenzfähiger Preis *oder* Qualität	– 1
– konkurrenzfähiger Preis *und* Qualität	+ 1
– konkurrenzlos neue Problemlösung	+ 2
5 *Produkt-Lebenserwartung*	
– voraussichtlich 1 bis 3 Jahre	– 2
– 3 bis 5 Jahre	– 1
– 5 bis 10 Jahre	+ 1
– länger als 10 Jahre	+ 2

6 Verkaufsorganisation
- vollständig neuer Stab erforderlich – 2
- einige zusätzliche Verkäufer notwendig – 1
- wenige neue Verkäufer notwendig + 1
- Einsatz der bestehenden Außendienst-Organisation + 2

C Beurteilung der Produktion

1 Know-how
- fehlt ganz, neuer Sektor – 2
- schwierig zu beschaffen – 1
- relativ leicht übertragbar auf neues Verfahren + 1
- vorhanden, ist Alleinstellungsmerkmal + 2

2 Kapazität
- nicht vorhanden – 2
- voll ausgelastet – 1
- beschaffbar + 1
- unausgelastet vorhanden + 2

D Beurteilung des Finanzbereiches

1 Umsatzerwartung
- minimal – 2
- gering – 1
- beachtlich + 1
- Marktführung + 2

2 Amortisationsdauer des eingesetzten Kapitals
- mehr als 5 Jahre – 2
- 3 bis 5 Jahre – 1
- 1 bis 3 Jahre + 1
- unter 1 Jahr + 2

3 Gewinnerwartung/Kapitalverzinsung
- unter 5% – 2
- 5 bis 10% – 1
- 10 bis 20% + 1
- über 20% + 2

4 Risiko
- sehr hoch – 2
- nicht einschätzbar – 1
- normal + 1
- gering + 2

Durch Addition der Bewertungspunkte werden die Realisierungschancen der Produktidee festgelegt:

unter –15 Punkte: fast keine Chance
–1 bis –15 Punkte: geringe Chancen
+1 bis +15 Punkte: etwas Chancen
+15 Punkte: gute Chancen

Grenzen des Verfahrens

Dieses Beurteilungsverfahren – im englischen auch Screening genannt – dient nur der Grobauswahl verschiedener Ideen und Vorschläge. Seine Schwäche liegt darin, daß das Gesamtergebnis sehr stark von der Auswahl der beurteilenden Person abhängt. Mangelnde Sach-, Markt- und Konkurrenz-Kenntnisse und, was noch schlimmer ist, Betriebsblindheit werden das Urteil negativ beeinflussen.

Es ist wichtig, zu wissen, daß keinesfalls mit Sicherheit gesagt werden kann, ob eine Produktidee absolut gut oder absolut schlecht ist. Die Beurteilung zeigt

- ☐ die Stärken und Schwächen einer Idee und damit Ansatzpunkte für ihre Weiterentwicklung oder Veränderung,
- ☐ eine Rangliste der Chancen bei verschiedenen in die Beurteilung einbezogenen Ideen,
- ☐ die relativen Chancen einer neuen Idee gegenüber einer früheren, die nach derselben Methode beurteilt und dann erfolgreich bzw. nicht erfolgreich realisiert wurde.

Expertenbefragung

Um die Gefahr einer – zwangsweise – immer subjektiv bleibenden Bewertung einer neuen Idee zu verringern, sollte zu bestimmten Fragenkomplexen – insbesondere zum Markt – die Meinung externer Experten eingeholt werden. Durch Befragung der potentiellen Abnehmer, der Käufer und Verwender des neuen Produktes kann das Ergebnis abgestützt werden. Die Auswahl der zu befragenden Personen, die methodische Anlage des Tests und deren Durchführung sollten Spezialisten (am besten neutralen, externen Institutionen) übertragen werden.

Testmarkt

Besonders im konsumnahen Bereich bietet sich die Prüfung eines neueinzuführenden Produktes in einem sog. Testmarkt an. Kein Markenartikelhersteller wird in der heutigen Zeit ein neues Produkt in den Gesamtmarkt einführen, ohne es vorher ausgiebig in einem regionalen Teilmarkt, dem Testmarkt, geprüft zu haben.

Der Markttest ist ein kontrolliertes Experiment in einem Teilmarkt. Aufgabe des Testes ist es, die Erfolgschancen, die Marktgängigkeit eines neuen Produktes festzustellen oder die Wirksamkeit einzelner Marketingmaßnahmen abzutesten.

Der Vorteil des Testmarktes besteht darin, daß nicht wie andere Produkttests die Wirklichkeit künstlich simuliert werden muß, sondern daß der Test bewußt unter ganz realen Marktbedingungen stattfindet.

Die Untersuchung konzentriert sich darauf, Informationen über folgende Bereiche zu gewinnen:

- □ Marktanteile, die das Produkt im Laufe des Testes erreichen konnte,
- □ Bestimmung typischer Verwendergruppen, die das Produkt gekauft haben bzw. auch solcher, die das Produkt nicht gekauft haben,
- □ Beantwortung der Frage, wieviel Personen das Testprodukt nur einmal erworben haben (und sich dann mit Grausen einer anderen Marke zugewandt haben) und wieviel über Nachkäufe zu Ständigverwendern geworden sind,
- □ Überprüfung der Effizienz der einzelnen Marketing-Maßnahmen u. a. Antwort auf die Frage, wie der Verbraucher auf das Produkt aufmerksam wurde (Werbung/Verkaufsförderung) oder wo er es gekauft hat,
- □ Produkterfahrung, das heißt, welche Erfahrungen hat der Käufer mit dem Produkt gemacht; war er zufrieden, wie beurteilt er es im Vergleich zu Konkurrenzprodukten, stimmt der Preis, die Aufmachung?
- □ Wie reagiert die Konkurrenz auf das neue Produkt im Testmarkt?

Auswahl des Testgebietes

Ein Hauptproblem bei der richtigen Auswahl des Testmarktes liegt in seiner Repräsentanz für den Gesamtmarkt. Es geht also um die Frage, ob die Ergebnisse des «kleinen» Marktes auf den Gesamtmarkt übertragen werden können. Damit dies einigermaßen sicher geschehen kann, müssen folgende Voraussetzungen erfüllt sein:

- □ Die Struktur der Bewohner des Testmarktes muß möglichst der Struktur der Bewohner des gesamten Marktes entsprechen. Solche Struktur- oder auch «Schichtungsmerkmale» können z. B. sein: Alter, Einkommen, Ausbildungsgrad und Haushaltsgröße. Es gibt in Deutschland einige Städte oder Regionen, die sich als Testmarkt überhaupt nicht eignen, weil dort demographische und soziale Extremsituationen gegeben sind. Beispiele dafür sind Berlin (Altersstruktur) oder das Zonen-Randgebiet (soziale Struktur, Einkommen).

- ☐ Der Handel sollte nach Branchen, Geschäftstypen und Organisationsformen dem des Gesamtmarktes entsprechen. Schwierigkeiten können allein schon dadurch auftreten, daß große Handelsorganisationen, Supermärkte oder Filialketten sich weigern, ein Testprodukt in ihr Sortiment aufzunehmen.
- ☐ Für die Verbraucher- und Händlerwerbung müßten möglichst die gleichen Werbeträger vorhanden sein wie im Gesamtmarkt. Hierzu muß der Umfang der lokalen Werbung der später geplanten Werbung entsprechen. Diese Forderungen sind nur sehr schwer zu erfüllen, weil die großen Werbemedien Radio und Fernsehen meist nur überregional einsetzbar sind.
- ☐ Bei der Auswahl des Testmarktes ist außerdem darauf zu achten, daß im Gebiet eine normale Konkurrenzsituation herrscht. Da die Konkurrenz nicht schläft und dem ungeliebten Mitbewerber am liebsten die Suppe versalzen – sprich die Testmarktergebnisse verfälschen – möchte, sind die Gegenreaktion und Aktivitäten der Konkurrenz sorgsam zu beobachten.

Eine Testmarktstrategie kann darin bestehen, seinen Testmarkt in der Höhle des Löwen zu installieren, d. h. im Haupteinflußgebiet des wichtigsten Konkurrenten. Der Hintergrund: Gelingt dem neuen Produkt unter solch erschwerten Bedingungen der Durchbruch, so ist an seinem Erfolg im Gesamtmarkt nicht zu zweifeln.

Typische Testmärkte in Deutschland, die häufig benutzt werden, sind der Großraum Nürnberg und das Saargebiet. In diesen regionalen Räumen sind die geschilderten Bedingungen der Repräsentanz für den Gesamtmarkt der BRD am weitesten erfüllt.

Beurteilung des Testerfolges

Wie wird nun der Erfolg oder Mißerfolg des Testes festgestellt? Der Hersteller hat dazu vier Möglichkeiten:

- ☐ *Analyse der eigenen Verkaufszahlen*
  Diese Information ist relativ wenig aussagefähig, da in den Zahlen auch Produkte liegen, die noch gar nicht verkauft sind, sondern beim Händler auf Lager liegen.

- *Ergebnisse des Einzelhandelspanels*
  Ein repräsentativer Querschnitt von Handelsgeschäften wird nach den Verkäufen des getesteten Produkts und der Konkurrenzprodukte gefragt. Solche Informationen sind sehr wertvoll.
- *Ergebnisse des Konsumentenpanels*
  Informationen über die Käufer und Verwender des Testproduktes erhält man u. a. über das Konsumentenpanel (in der Regel 1 500 bis 2 000 Haushalte, die ständig für Tests zur Verfügung stehen). Die Aussagen der befragten Familien ermöglichen die Antwort auf die Frage, ob die geplante Zielgruppe tatsächlich erreicht wurde und wie sie reagiert hat.
- *Befragung der Endverbraucher*
  Die aussagekräftigste, wenn auch teuerste Methode ist die Befragung potentieller und tatsächlicher Käufer im Testgebiet. Hier können detaillierte Informationen über Kaufgründe, Einschätzung des Testproduktes im Vergleich zu Konkurrenzprodukten, die Beachtung der Werbung usw. gewonnen werden.

Kritische Anmerkungen

Vor der kritiklosen Übernahme und Übertragung von Testmarktergebnissen auf den Gesamtmarkt wird gewarnt. Die Gefahren liegen darin, daß im Laufe eines Testmarktes (in der Regel 6 Monate bis zu einem Jahr) eine Reihe von Störfaktoren auftreten können, die das Ergebnis verfälschen: Durch die Ausnahmesituation der Testmarktuntersuchung könnte der Handel dem neuen Produkt einen Ehrenplatz im Verkaufsregal einräumen – was dann bei der nationalen Einführung nicht mehr der Fall ist. Auch können sich die eigenen Vertreter um das neue Produkt besonders bemühen, was den Erfolg im Testmarkt auch erheblich beeinflussen kann. Schließlich werden die Konkurrenten auf den Markt gerufen. Die Konkurrenz kann unterschiedlich reagieren:

- Durch aggressive Verkaufsmethoden und eine forcierte Werbung kann sie versuchen, die Testmarktergebnisse zu beeinflussen und die nationale Einführung von vornherein abzublocken.
- Bei guten Verkaufserfolgen (was die Konkurrenz aufgrund eigener Panels ja ebenfalls sofort erfährt) kann sie versuchen, das

Produkt nachzuahmen und in relativ kurzer Zeit auf den Markt zu werfen.

- ☐ Die Konkurrenz läßt ihren Mitbewerber sozusagen ins Messer rennen, indem sie bewußt ihre eigenen Aktivitäten reduziert. Dadurch werden die Testergebnisse viel besser aussehen als die späteren endgültigen Resultate auf dem Gesamtmarkt.

Zu diesen dargestellten Fehlerquellen kommen hohe Kosten für den Testmarkt und seine lange Dauer. Diese Nachteile werden jedoch durch die wachsende Erfahrung der großen Hersteller mit Testmärkten ausgeglichen. Neue und abgesicherte Verfahren lassen den Testmarkt auch weiterhin *das* klassische Instrument bei der Einführung neuer Produkte sein. Der Zeit- und hohe Kostenaufwand für einen Testmarkt wiegen jedenfalls weit die Millionenverluste auf, die bei einem Fehlschlag eines neuen Produktes abgeschrieben werden müssen, die dann entstehen, wenn es ohne Test sofort in den Markt eingeführt wird.

Fazit:

Da es heute immer teurer und risikoreicher wird, neue Produkte einzuführen, sind unbedingt vorher Tests einzusetzen, die das Risiko mindern. Hierfür gibt es erprobte Verfahren und erfahrene Institute.

Durchsetzung neuer Produkte am Markt

Über die Durchsetzung neuer Produkte und Verfahren am Markt wurde schon viel geschrieben. Demnach ist ein Phänomen immer wieder erstaunlich: Warum wird das eine Produkt von den Verbrauchern angenommen, während das andere trotz intensiver Werbemaßnahmen ein Fehlschlag wird? Gibt es Gesetzmäßigkeiten, nach denen sich die Durchsetzung neuer Ideen am Markt vollzieht? Welche Rolle spielen beispielsweise die vielgenannten Meinungsführer, also prominente Zeitgenossen?

Der Erfolg eines neuen Produktes hängt in erster Linie davon ab, ob dieses Produkt eine neue Idee darstellt oder ob dadurch ein Problem auf neue Art gelöst wird. Von sekundärer Bedeutung ist, ob es sich tatsächlich um eine Neuerung handelt. Solange sie der einzelne Verbraucher als solche zum erstenmal wahrnimmt, ist die Idee subjektiv neu – selbst wenn das Erzeugnis schon jahrelang am Markt war und erst jetzt von bestimmten Käuferschichten wahrgenommen wird. Dazu ein Beispiel: Leim gibt es seit Jahrhunderten. Aber erst eine völlig neue Verwendungsmöglichkeit erschloß neue Käuferschichten: die Schnüffler.

Eine wesentliche Voraussetzung muß jedes neue Produkt erfüllen: Es muß sich in den Augen der potentiellen Verbraucher von den anderen Angeboten deutlich unterscheiden. In unserem Beispiel: der führende Markenleim vor dem gesichtslosen Allerweltsleim.

Erscheinungsbild der Produkte

Mit dem Produkt sind zahlreiche weitere Aspekte verbunden, die das Gesamtbild, das Image ausmachen: Qualität, Service, Preis, Beratung, Bekanntheit der Firma. Das sind einige der zusätzlichen, oft immateriellen Werte, die der Käufer mit dem eigentlichen Produkt erwirbt. Diese sind oft entscheidend für Kauf oder Nichtkauf, vor allem bei Produkten, die sich in ihrer objektiven Beschaffenheit kaum noch von bisher vorhandenen unterscheiden können. Das Vollwaschmittel X wird sich von der Marke Y weniger durch objektive Unterschiede in der Beschaffenheit als durch Faktoren unterscheiden, die durch massive Werbekampagnen aufgebaut werden.

Ein wesentlicher Unterschied besteht zwischen Gütern des täglichen Bedarfs und Produkten, deren Einkauf eine bewußte Entscheidung voraussetzt. Zwar sind die Übergänge fließend, jedoch wird sich die Kaufentscheidung für ein höherwertiges Wirtschaftsgut normalerweise nach folgenden Gesetzmäßigkeiten vollziehen:

Von der Wahrnehmung zur Entscheidung:

Die Neuerung wird bewußt wahrgenommen. Durch Werbefernsehen, Prospekte, Anzeigen und ähnliche Kommunikationsmittel wird der erste Anstoß vermittelt; der Verbraucher wird auf das neue Produkt aufmerksam. Da jedoch täglich unendlich viele Reize auf den einzelnen einströmen, hat nur der Impuls eine Chance, wahrgenommen zu werden, der auf ein vorhandenes Bedürfnis oder auf die latente Bereitschaft der Zielpersonen stößt, sich mit einem neuen Produkt zu beschäftigen. Dies ist wiederum abhängig von drei Faktoren:

☐ der Interessenlage des Umworbenen,
☐ der momentanen Situation des Angesprochenen,
☐ der persönlichen Einstellung.

Ein Foto-Fan wird immer auf Neuheiten auf dem Fotomarkt anzusprechen sein. Seine Interessenlage ist entsprechend gelagert. Wer gerade einen Autounfall hinter sich hat, wird Angebote von Versicherungsfirmen, Karosseriewerkstätten und Automobilfirmen besonders leicht wahrnehmen. Die momentane Bedürfnissituation läßt auch alle Reiseveranstalter im Winter intensiv werben, denn die Umworbenen haben dann Zeit und Muße, sich mit der Planung des bevorstehenden Urlaubs zu befassen.

Die persönliche Grundeinstellung

Weiter entscheidet die persönliche Grundeinstellung darüber, ob jemand zu den ersten, risikofreudigen Käufer einer Neuheit gehört oder eher zu der abwartenden, zögernden Mehrheit.

Der erste meist werbliche Anstoß bewirkt in den wenigsten Fällen die endgültige Kaufentscheidung. Vorher sucht der Verbraucher zusätzliche Informationen, um seine Entscheidung absichern zu können. Sein Ziel ist es, ein möglichst umfassendes Bild des Produktes zu bekommen und dadurch genügend objektive Daten und Fakten zusammenzutragen. Dieses Zusammentragen umfaßt auch das Abwägen der Vor- und Nachteile eines Kaufes. Der Verbraucher wird die Verwendbarkeit eines Produktes für seine spezielle Situation prüfen und die gebotene Leistung mit dem geforderten Preis vergleichen. Auch wird er die Reaktionen seiner Mitmenschen in die Überlegungen miteinbeziehen. Der Pförtner wird sich sehr genau überlegen, welches Gesicht sein Chef machen wird, wenn er mit dem nagelneuen Mercedes auf dem Hof vorfährt! Von seiner persönlichen Einstellung wird es dann abhängen, ob ihn dieser Gedanke in seinem Wunsch bestärkt oder ob dieser dadurch im Keim erstickt wird.

Das Beispiel der anderen

Ebenfalls wird sich der potentielle Käufer bemühen, bei anderen Rat zu finden. Er wird sich an jene wenden, die bereits Erfahrungen mit dem neuen Produkt gemacht haben, oder sich bei einer Person erkundigen, die eine fachmännische Meinung hat. Eine Vorführung, Probefahrt oder Garantiezusagen werden die Entscheidung beeinflussen und beschleunigen. Erst am Schluß dieses langen Entscheidungsprozesses steht die endgültige Kaufentscheidung. Es ist jedoch nur eine Entscheidung für den Ersterwerb. Erst die Erfahrung mit dem neuen Produkt wird zeigen, ob es sich nur um einen Einmalkauf gehandelt hat oder ob der Konsum fortgesetzt und die angestrebte Markentreue erreicht wird.

Typologie der Verbraucher

Für die Durchsetzung einer neuen Idee am Markt und die Wahl der richtigen Einführungsstrategie ist für ein Unternehmen die Kenntnis über die einzelnen Abnehmertypen besonders wichtig. Die Zugehörigkeit zu solch einzelnen Typen ist im wesentlichen abhängig von der persönlichen Einstellung, dem Temperament und dem sozialen Gefüge, in das jeder einzelne eingebettet ist. Man unterscheidet (Bild 3.6):

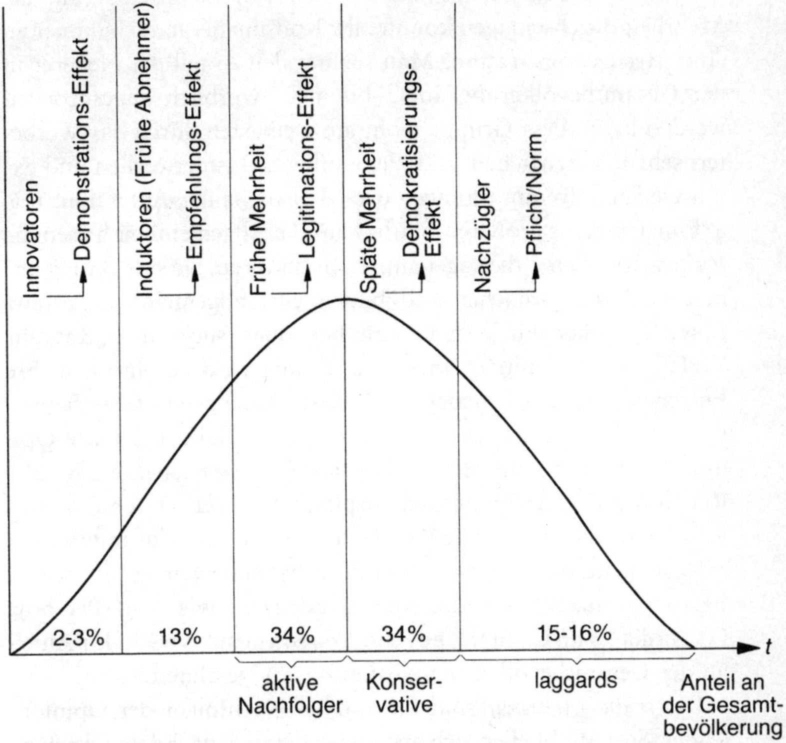

Bild 3.6 Typologie der Verbraucher

Innovatoren. Sie sind Neuerer, erste Käufer eines Produktes. Sie sind durch ein hohes Maß an Risikofreude gekennzeichnet, denn es liegen noch keine Verbrauchererfahrungen vor, auf die sie sich in ihrer Entscheidung stützen können. Sie sind die eigentlichen Neuerer, die Avantgarde, ständig auf der Suche nach dem Neuen, dem Unkonventionellen. Sie sind weit gereist, weltoffen, vielseitig interessiert und haben das höchste Einkommen. Dies macht sie auch finanziell unabhängig, so daß eine Fehlentscheidung für sie kein «Beinbruch» ist. Da die Innovatoren ihrer Zeit und dem allgemeinen Geschmack oft weit voraus sind, ist ihr Einfluß auf die Meinung anderer allerdings gering. Sie bilden eine Insidergruppe, die viel zu mobil ist, als daß ihr Handeln unmittelbar auf die Mehrheit durchschlagen könnte. Ihr Konsum gerät auch immer zu einer Art Demonstration. Man schätzt den Anteil der Neuerer in der Gesamtbevölkerung auf 2 bis 3 %. Werblich angesprochen werden kann diese Gruppe wohl am wenigsten durch das Werbefernsehen. Vorzuziehen sind kleinauflagige Insidermedien und exklusive Spezialveranstaltungen wie Modenschauen, Autosalons u. a.

Einen weitaus größeren Einfluß auf die Allgemeinheit haben die *frühen Abnehmer*, die sogenannten Induktoren. Sie sind die eigentlichen Meinungsmacher und bilden eine allgemein anerkannte Elite. Zu ihnen blickt man auf, bei ihnen sucht man Rat, ihr Verhalten wird imitiert. Ihre Empfehlung wird befolgt; erst ihre Entscheidung für ein neues Produkt stellt die gewünschte Signalwirkung dar und hat einen Multiplikationseffekt. Bekannte Opinion-leader sind – untersucht man diese Gruppe nach ihrem Beruf – Rechtsanwälte, Ärzte, Filmschauspieler, Sportler. Durch ihre ausgeprägten und unterschiedlichen Interessen sind die Induktoren jedoch nicht durch breitstreuende Massenmedien zu erreichen. Bevorzugt nutzen sie sogenannte Edeltitel, wie z. B. Playboy, Fliegermagazin, Capital, Die Zeit, Management-Wissen! Ihr Anteil an der Gesamtbevölkerung wird auf 13 % geschätzt.

Die *frühe Mehrheit* sind die aktiven Nachfolger der Opinionleader. Sie entschließen sich erst zur Annahme, nachdem Gleichgestellte das neue Produkt ebenfalls akzeptiert haben. Ihr Ansehen liegt jedoch immer noch über dem Durchschnitt, ihr Einkommen ebenfalls. Ihr Beispiel ist Legitimation für zahlreiche andere.

Sie gehören der sozialen Mittelschicht an, wobei ihre geistige Mobilität weit beschränkter ist als bei der vorangegangenen Kategorie. Sie nutzen intensiv Fernsehen und breitstreuende Publikumszeitschriften. Auch entscheiden sie sich erst nach längerer Überlegung. Für den Anbieter gilt: Wer die frühe Mehrheit – immerhin ein Drittel aller sozialen Typen – für sich gewonnen hat, hat fast den ganzen Markt gewonnen.

Denn die Gewinnung der *späten Mehrheit* ist weit schwieriger und bereitet weitaus größere Anstrengungen. Diese Personen sind in ihrer Einstellung konservativ und gegenüber allem Neuen sehr skeptisch eingestellt. Erst auf massiven psychologischen Druck von Gleichgesinnten hin sind sie bereit, etwas Neues anzunehmen. Für sie sind altbewährte, tausendfach erprobte Produkte das Richtige. Sie beugen sich allenfalls dem Druck der Mehrheit und unterwerfen sich – oft widerwillig – dem Demokratisierungsprozeß. Selbst nach erfolgter Anpassung werden sie jahre- und jahrzehntelang dem guten alten VW-Käfer nachweinen, auch wenn sie nun einen Golf fahren. Das Einkommen dieser Gruppe liegt unter dem Durchschnitt, ihr Einfluß und die geistige Beweglichkeit sind relativ gering.

Die *Nachzügler* können sich erst dann zu einer Annahme durchringen, wenn das neue Verhalten zur Pflicht oder Norm geworden ist. Nicht umsonst wird diese Gruppe, die etwas 15 % der Gesamtbevölkerung ausmacht, im Amerikanischen als «laggards» (Langweiler) bezeichnet. Der geistige Horizont dieser «späten Abnehmer» ist in der Regel sehr beschränkt; sie lernen nur schwerfällig und sind stark traditionsorientiert. Sie sind meist ältere Personen, die gewohnheitsmäßig kaufen und nur über geringe Einkünfte verfügen. Als Autofahrer werden sie auch dann noch ihrem Goggomobil treu bleiben, wenn dessen durchgerostete Karosserie in kunstvoller Handarbeit nachmodelliert werden muß.

Strategisches Konzept

Was bedeutet die Kenntnis dieser unterschiedlichen Verhaltensmuster einzelner Verbrauchertypen für das strategische Konzept eines Unternehmens? Zunächst bedeutet es die Auswahl und den Einsatz entsprechender Kommunikationsmittel. Hier fällt die Entscheidung für oder gegen den Einsatz des Werbefernsehens, für die persönliche Produktvorführung, für oder gegen den Einsatz von Werbekolonnen.

Die Grenzen einer auf «psychologische Typen» ausgerichteten Strategie sind jedoch gleichfalls aufgezeichnet. Einmal lassen sich nicht alle Adaptionsvorgänge in das relativ einfache Modell pressen. Denn wie ist beispielsweise jener hochbezahlter Akademiker einzustufen, der aus Prinzip auf den Erwerb einer eigenen Benzinkutsche verzichtet und lieber zu Fuß geht oder Taxi fährt? Oder jener biedere «Otto Normalverbraucher», der zwar einen Allerwelts-Mittelklasse-Familienwagen fährt, sich jedoch jedes Jahr einen teuren Abenteuerurlaub an fernen Gestaden leistet? Die Grenzen des Modells sind aufgezeichnet, seine Nützlichkeit bei differenzierter Anwendung jedoch unbestreitbar.

Fazit:

Innovatoren, Opinion-leader, frühe Mehrheit, Nachzügler – diese Typenbildung aus Psychologie und Sozialwissenschaft – können bei der Einführung neuer Produkte am Markt sehr wertvoll sein. Eine darauf abgestimmte Marketingstrategie wird jedenfalls eine weit höhere Erfolgschance haben als der berühmte Schuß in den Ofen.

Das richtige Produkt-Mix

Nachwuchsprodukte, Stars, Cash-Kühe und Schrott

Neue Produkte zu schaffen und in den Markt einzuführen, das erfordert viel Geld. Diese Investitionen erfolgen letztlich unter der Zielsetzung, mit den neuen Produkten relativ schnell einen rentablen Marktanteil zu erzielen, denn nur dann hat sich der Aufwand gelohnt. Das notwendige Geld für neue Produkte kann jedoch nur aufgebracht werden, wenn es von erfolgreichen alten Produkten verdient wird. Entscheidend ist also die richtige Mischung der Produktpalette.

Bei der Einführung neuer Produkte müssen vor allem die Zahlungsströme (Cash) im Auge behalten werden, auf die es in einem wirtschaftenden Betrieb letztlich ankommt. Innovationen müssen vorfinanziert werden und verbrauchen zunächst «Cash».

In der ersten Phase seines Lebenszyklus benötigt das forcierte Produkt meist mehr Ausgaben, als durch den anlaufenden Absatz an Einnahmen hereinkommen. Dieses Defizit an Finanzmitteln muß finanziert werden, meist durch die anderen Produkte des Unternehmens. Daraus läßt sich eine einfache Binsenwahrheit ableiten: In jedem Unternehmen müssen Produkte vorhanden sein, die mehr einbringen, als sie kosten. Dies sind Produkte mit positivem Cash-Flow.

Der Lebenszyklus

Die Produkte durchlaufen in ihrem Leben unterschiedliche Stadien, die sich in den Veränderungen der Marktsituation ausdrücken lassen. Nach der Markteinführung kommt die Wachstumsphase mit überproportionalen Zuwächsen, die überleitet in das Reifestadium. Nach der Marktsättigung folgt die Rückgangsphase, in der häufig Verluste produziert werden. Die Aussicht auf hohe positive Überschüsse wird bei den Produkten am größten sein, die einen hohen Marktanteil erringen konnten und die sich in der Reifephase ihres Zyklus befinden. In dieser Phase haben sich Markt und Konkurrenzlage stabilisiert. Das Produkt läuft von allein, Werbungskosten fallen kaum mehr an. Ausbau-Investitionen sind nicht notwendig.

Portfolio-Management

Unter diesen Gegebenheiten stellt sich der Unternehmungsleiter die Aufgabe, eine optimale Mischung von Produkten im Programm zu haben. Es müssen Produkte vorhanden sein, die zwar heute Mittel verzehren, aber später Cash liefern, und solche, die heute die notwendigen Finanzmittel liefern. Die Unternehmensleitung muß stets für ein gut ausgewogenes «Portfolio» von Produkten sorgen. Die Produkte können dabei in unterschiedliche Kategorien eingereiht werden: in «Nachwuchs», «Stars», «Cash-Kühe» und «Schrott» (Bild 3.7).

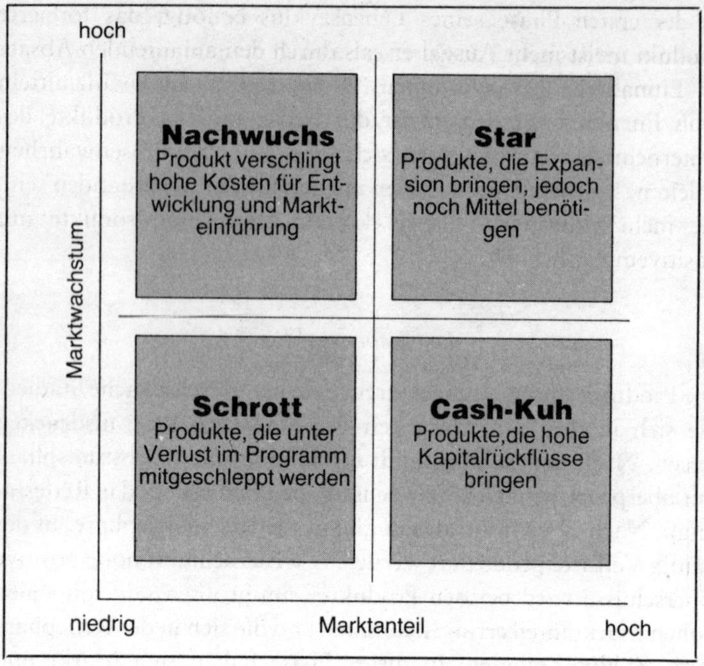

Bild 3.7 Produkte im Portfolio

Nachwuchsprodukte

Nachwuchs sind Innovationsprodukte, die in ausgeprägten Wachstumsmärkten gestartet wurden. Am Anfang erzielen sie noch einen relativ geringen Marktanteil, verbrauchen jedoch hohe Mittel, um zum Durchbruch zu gelangen. Da sie im hochgradigen Maße cashhungrig sind, können immer nur einige wenige Nachwuchsprodukte für den weiteren Ausbau forciert werden. Es gilt, die personellen Kräfte und finanziellen Mittel zu konzentrieren. Durch den Versuch, zu viele Neuheiten gleichzeitig einzuführen, kann leicht die finanzielle Kraft des Unternehmens überfordert werden. Nicht zu vergessen, daß durch die Einführung neuer Produkte starke Management-Kapazitäten gebunden werden und jeder das schlechte Gefühl hat, auf mehreren «Hochzeiten» gleichzeitig tanzen zu müssen. Der halbherzige Aufbau von Nachwuchsprodukten wird die vielversprechende Neuentwicklung von vornherein zum Scheitern verurteilen. Besser ist es, einen Teil der Nachwuchsprodukte für möglichst viel Geld zu veräußern oder sich mit einem finanziell und kapazitätsmäßig potenten Partner zusammenzutun, um alle realisierungswürdigen Neuentwicklungen durchziehen zu können.

Starprodukte

Das sind Produkte in der Wachstumsphase, die schon einen relativ hohen Marktanteil errungen haben. Sie verzeichnen ausgezeichnete Zuwächse und sichern langfristig das Wachstum des Unternehmens. In der Wachstumsphase verbrauchen sie jedoch wesentlich mehr Ausgaben, als sie Einnahmen bringen. Aber sie sind die Cash-Lieferanten der Zukunft und dürfen nicht zu früh «gemolken» werden. Denn wer zu früh «absahnt», verschenkt späteres Ertragspotential. Jedes Produkt-Portfolio eines Unternehmens sollte mindestens ein bis zwei Stars aufweisen, die den Fortbestand des Unternehmens in der Zukunft garantieren.

Cash-Kühe

Die Cash-Kühe sind die tragenden Säulen des Unternehmens. Es sind Produkte mit hohem Marktanteil in stabilen oder nur noch gering wachsenden Märkten. Sie liefern die notwendigen Finanzmittel, die gebraucht werden, um den Nachwuchs und die Stars aufzubauen. Die strategische Devise in diesem Stadium, auch amerikanisch anschaulich milking-business genannt, lautet: Einschränkung bzw. Stopp jeglicher Forschung und Entwicklung. Kostensenkung durch Kürzung der Ausgaben für Werbung, unmerkliches Absenken der Qualität. Erklärtes Ziel kann nur sein, eine Menge Überschuß aus diesen Produkten herauszuholen, den Cash-Kühen sozusagen eine hohe Literleistung abzuverlagen. Voraussetzung für den Erfolg dieser Strategie ist jedoch, daß es die Konkurrenz nicht merkt. Lukrative Märkte mit hohen Gewinnaussichten haben noch immer die Konkurrenz angezogen. Auch die eigenen Mitarbeiter dürfen nicht merken, daß ein bestimmtes Produkt nur noch «gemolken» wird: Die Leistungsmotivation wäre entsprechend. Interessanterweise gibt es in Amerika Manager, die auf das Melken von Cash-Kühen spezialisiert sind. Diese werden etwas spöttisch «Rahmabschöpfer» genannt. Besser als diese typisch amerikanische Denkweise ist jedoch letztlich eine pflegliche Behandlung der Cash-Kühe. Die Devise sollte lauten: Marktanteil unbedingt halten, aber nicht ausbauen, Kosten senken, Erhaltungsinvestitionen.

Schrott

Produkte in der Phase der Marktsättigung und des Rückgangs mit relativ niedrigem Marktanteil werden als Schrott bezeichnet. Der Schrott belastet das Unternehmen, indem er Mittel verzehrt und über Gebühr das Management in Anspruch nimmt. Schrott sind dahinsiechende Produkte, die möglichst schnell aufgegeben werden sollten. Hier gilt die amerikanische Forderung: «kill weak products – not dead ones!» (Eliminiere schwache Produkte rechtzeitig – und nicht erst dann, wenn sie bereits tot sind.) Denn jede zusätzlich aufgewendete DM für solche Produkte ist glatt verschwendet.

Produktstrategien

Für die Erstellung einer abgestimmten Produkt- und Entwicklungsstrategie werden Größe und Wachstum des Marktes für jedes einzelne Produkt ermittelt. Berücksichtigung finden auch die Marktanteile der Wettbewerber, ihre Größe und Finanzkraft sowie Qualität des Managements. Mit diesen Informationen wird ein Produkt-Diagramm ausgearbeitet, in dem Stärken und Schwächen der einzelnen Produkte aufgelistet sind. Für jedes Produkt werden spezielle Marketing-Strategien entwickelt, die seiner Position im Markt Rechnung tragen. Darin werden u. a. folgende Fragen beantwortet: Wie kann innovativer Nachwuchs beschafft und zielstrebig ausgebaut werden? Welche zusätzlichen Aktivitäten sichern den Starprodukten die absolute Marktführerschaft? Wie können Cash-Kühe noch besser «gemolken» werden? Kann der

«Schrott» durch geschicktes Taktieren verkauft und versilbert werden?

Wenn man eine Cash-Kuh, aber keinen Nachwuchs und keine Stars hat, kann es strategisch richtig sein, mit den Mitteln, die die Cash-Kuh liefert, Nachwuchs zu kaufen. Beispielsweise durch den Erwerb von Lizenzen oder Kooperation mit anderen Unternehmen.

Dynamische Firmen weisen eine einseitige, aber gesunde Verteilung von Starprodukten und Cash-Kühen auf. Deren Gewicht kann um so mehr bei den Nachwuchs- und Starprodukten liegen, je mehr diese schon durch die erzielten Umsätze selbst die benötigten Mittel aufbringen.

Fazit:

Nachwuchs, Stars, Cash-Kühe und Schrott: In diese 4 Kategorien läßt sich die gesamte Produktpalette eines Unternehmens einteilen. Diese Produkte sind gleichzeitig die Pfunde, mit denen der Unternehmer wuchern muß. Für ein ausgewogenes Produkt-Portfolio zu sorgen, ist eine unerläßliche Managementaufgabe – und keine geringe.

Das psychologische Marktmodell

Nichts ist praktischer als eine gute Theorie. Dieser Satz gilt auch für ein Modell, das Anfang der 50er Jahre von Prof. BERNT SPIEGEL entwickelt wurde. Es kann nämlich bei der systematischen Suche nach Marktlücken helfen. Dieses sog. psychologische Marktmodell macht Marktmechanismen sichtbar, die sonst im dunkeln bleiben, und gibt plausible Antworten auf Fragen über Markterfolg oder Mißerfolg von Produkten.

Das hier beschriebene Modell gilt in jedem gesellschaftlichen Feld – überall dort, wo sich Meinungen bilden. Meinungen zu einem Parteiprogramm, zum Bau von Kernkraftwerken, zu einer

Fußballmannschaft. Gegenstand einer Meinung kann auch eine neuartige Zahncreme oder das Schrägheck der neuen Autogeneration sein. An diesen Bezugsobjekten oder Meinungsgegenständen scheiden sich die Geister, teilen sich die Individuen auf in Anhänger und Ablehner.

Die sozialen Felder werden eingegrenzt durch polare Merkmale; das sind Gegensatzpaare wie beispielsweise jung/alt; religiös/antireligiös; kontaktfreundlich/kontaktscheu; Bedürfnis nach leichten Zigaretten/Bedürfnis nach schweren Zigaretten usw. Will man das soziale Feld der Autofahrer beschreiben, so eignen sich u. a. die beiden Dimensionen

- sportlich/bequem
- teuer/billig

Die Autofahrer – in Bild 3.8 als kleine Kreise dargestellt – sind entsprechend ihrer individuellen Ausprägung in ihrer Neigung im sozialen Feld geordnet. Ganz links befinden sich die Liebhaber sportlicher Autos, rechts unten die preisbewußten Käufer bequemer Familienkarossen.

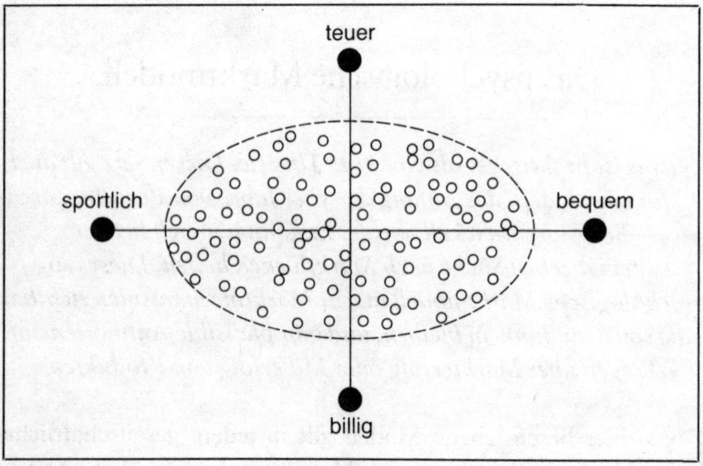

Bild 3.8

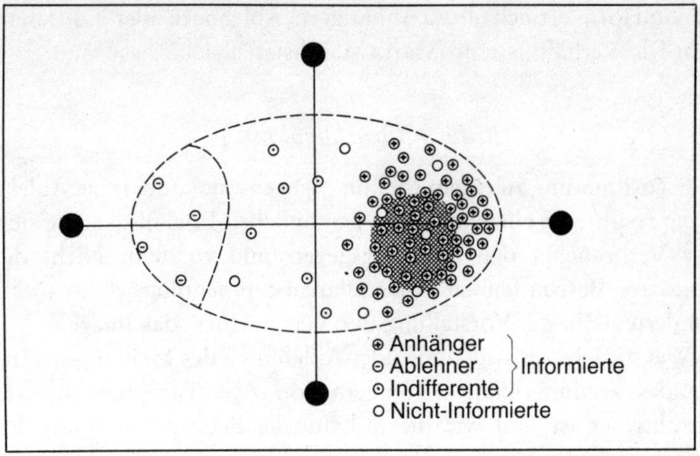

Bild 3.9

Betritt nun ein Meinungsgegenstand – in diesem Fall ein neues Automodell – das Feld, plaziert er sich automatisch da, wo seine Anhänger am stärksten konzentriert sind. Er findet spontane Anhänger ebenso, wie er auf heftige Ablehnung am Gegenpol stößt. Das Feld formiert sich. Es bilden sich sofort 4 Gruppen (Bild 3.9) mit

- ☐ Anhängern,
- ☐ Ablehnern,
- ☐ Indifferenten und
- ☐ Nichtinformierten.

Die Nichtinformierten haben vom Meinungsgegenstand (noch) keine Kenntnis erhalten – die Indifferenten läßt er kalt. Die Anhänger sind im Bereich des Meinungsgegenstandes und dessen unmittelbaren Umgebung konzentriert. Die Zustimmung nimmt mit der Entfernung immer mehr ab, bis in Richtung zum anderen Pol die ersten Ablehner auftreten und dort immer dichter werden.

Die Gruppe der Nichtinformierten, die noch nicht vom Meinungsgegenstand (Angebot) gehört haben, wird durch intensive Informationen, Werbung bzw. politische Propaganda immer kleiner und formiert sich um zu Anhängern, Ablehnern oder Indifferenten. Die Verhältnisse im Markt stabilisieren sich.

Bedürfnisdruck und Image

Die Zustimmung zu einem Meinungsgegenstand oder seine Ablehnung resultieren einzig aus dem persönlichen Erlebnis, so wie sich der Verbraucher den Meinungsgegenstand vorstellt. Nicht die objektive Beschaffenheit einer Ware ist psychologisch Realität, sondern allein die Vorstellung der Verbraucher, das Image.

Wie stark es zur Annahme oder Ablehnung des Meinungsgegenstandes kommt, hängt vor allem von zwei Faktoren ab: wie attraktiv er ist und wie die individuelle Bedürfnissituation des einzelnen gelagert ist. Um beim Beispiel zu bleiben: Wenn jemand die Absicht hat, sich ein neues Auto anzuschaffen, so ist die individuelle Bedürfnissituation positiv. Wenn dazu auf einem Autosalon ein neues attraktives Modell vorgestellt wird, summieren sich Bedürfnisdruck und Attraktivität zu einem hohen Aufforderungsgradienten, der schließlich zum Kaufentschluß führt. Je höher als der Aufforderungsgradient (a + b), je attraktiver der Meinungsgegenstand für den Verbraucher und je näher dieser dem einzelnen steht (c), um so stärker wird die Bindung sein (Bild 3.10).

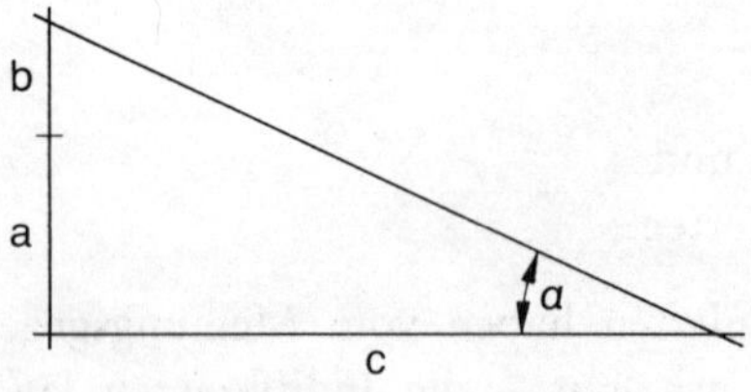

Bild 3.10

Ein neues Produkt wird es deshalb zunächst immer sehr schwierig haben, Anhänger zu finden.

Die Findung von Marktlücken

Eine Marktlücke oder Marktnische liegt dann vor, wenn es in einem Sektor des sozialen Feldes entweder noch keinen Anbieter gibt oder wenn die Konkurrenten mit relativ schwachen Produkten präsent sind. Im ersten Fall, wenn überhaupt kein Anbieter da ist, spricht man von einer manifesten Marktnische, im letzteren von einer latenten Marktnische. Manifeste Marktnischen kommen in einer Zeit der verstopften Absatzmärkte, in der es für praktisch jeden Bedarf ein Angebot gibt, kaum noch vor, zumindest im Konsumgüterbereich. Latente Nischen gibt es aber immer wieder. Sie treten dann auf, wenn sich die Verbraucher notgedrungenermaßen einer Marke zuwenden müssen, ohne jedoch so recht mit dem Angebot zufrieden zu sein.

Erfolgreiche Marktstrategie

Welche Marktstrategie kann ein Anbieter anwenden, wenn bereits ein Marktführer und zwei kleinere Konkurrenten mit ihren Produkten am Markt sind? Die Verteilung und Ausrichtung im sozialen Feld sind in Bild 3.11 dargestellt:

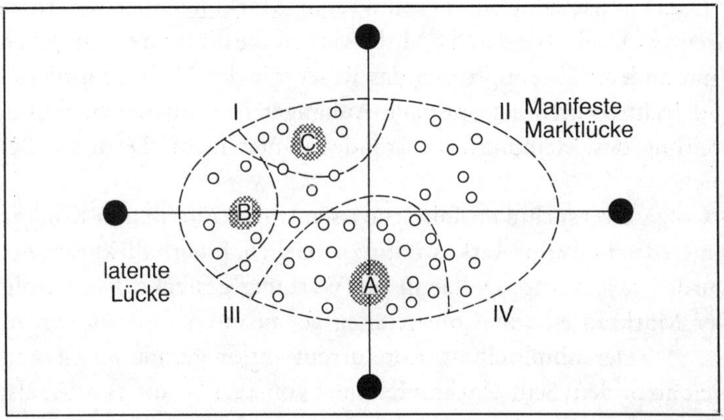

Bild 3.11

Die drei Marken sind an verschiedenen Stellen des Feldes plaziert, wobei die Linien die Übergangszonen der Anhänger und Ablehner der entsprechenden Marke markieren. Die Stärke der Bindung zur Marke nimmt mit der Entfernung von der Marke ab. Es gibt drei Bereiche, die evtl. eine Chance einer Marktlücke bieten:

Links unten in Feld III befindet sich eine latente Marktlücke. Die Bindungen an die kleineren Marken A und B sind schwach ausgeprägt und können durch eine neue, besser plazierte Marke an sich gezogen werden. In Sektor II und IV sind zwei manifeste Lücken, weil diese Marktsegmente völlig indifferent gegenüber den vorhandenen drei Marken sind. Die Lücke am rechten Pol ist jedoch von vorneherein unbrauchbar, weil sie zu schwach von potentiellen Verbrauchern besetzt ist.

Bei dieser theoretischen Modellbetrachtung kann es sich immer nur um die Vermutung einer Marktlücke handeln. Es muß immer sorgfältig geprüft werden, ob tatsächlich eine Marktnische gefunden wurde. Nur durch weitere intensive Recherchen zur Absicherung der Produkteinführung kann verhindert werden, daß man auf eine Scheinlücke hereingefallen ist, die zu einem totalen Mißerfolg im Markt führt. Sind Einstellungsbarrieren gegenüber neuen Produkten vorhanden, so sind diese entweder überhaupt nicht oder nur mit verhältnismäßig hohem Aufwand zu überwinden.

Die Durchsetzung eines Produktes im Markt hat auch natürliche Grenzen. Einmal sind es die Mitbewerber, die diese Grenzen ziehen. Zum anderen erschöpft sich das Reservoir der Nichtinformierten und Indifferenten als optimale Anhänger bei zunehmender Ausbreitung des Meinungsgegenstandes immer mehr. Dazu ein Beispiel:

Colgate versuchte im Jahr 1963 seinem unmittelbaren Konkurrenten den Platz im Markt streitig zu machen. Innerhalb kurzer Zeit wurden fast 4 Mio. Dollar in die Werbung gesteckt. Der Erfolg: Der Marktanteil von Colgate stieg genau um 1,5 % von 22 auf 23,5 %. Der unmittelbare Konkurrent verlor gerade eine Handbreit an Boden: Sein Marktanteil sank von 32,1 % auf 31,7 %, also um ganze 0,5 %. Dieser Verdrängungswettbewerb führte also zu nichts. Daß es auch anders geht, zeigte Procter & Gamble: Nach 10jähriger Entwicklungsarbeit wurde ein neues Produkt auf dem

Zahnpastamarkt eingeführt. Der Erfolg: Innerhalb kürzester Zeit wurde rund ⅓ Marktanteil erobert.

Fazit:

Auch auf umkämpften Märkten lassen sich wieder Marktnischen auftun. Man muß sie nur finden – beispielsweise mit Hilfe des psychologischen Marktmodells. Es kann auf alle Bereiche gesellschaftlicher Prozesse angewendet werden, von der Produktentwicklung über die Werbung bis zur Politik. Man muß die Gesetzmäßigkeiten dieses Modells kennen, wenn man erfolgreiches Marketing betreiben will.

Marketingstrategien aus den USA

Die USA gelten nach wie vor als Traumland des Marketing – sowohl in der Theorie als in der praktischen Umsetzung. Sie sind auch die Heimat des unbestritten führenden Marketingexperten: Prof. PH. KOTLER. In einem Spitzenseminar in Frankfurt referierte dieser an zwei Tagen über Marketingstrategien in einer sich schnell ändernden Weltwirtschaft und über die erfolgreiche Einführung neuer Produkte.

Neuerdings haben sehr viele Firmen nach Beobachtungen von Prof. Kotler das Marketing wieder vergessen. Ein Beispiel für verfehltes Auslandsmarketing ist Procter & Gamble, der amerikanische Großkonzern auf dem Waschmittel- und Körperpflegesektor. Als man daranging, ‚good old Europe' im Sturmlauf zu erobern, machte man den großen Fehler, Europa als Einheit zu sehen. Man glaubte fälschlicherweise, überall dieselbe Strategie und die gleichen Verkaufsmethoden anwenden zu können. Nach den ersten großen Mißerfolgen dachte man schon in kleineren

Kategorien, nämlich in Ländern. Man entwarf unterschiedliche Strategien für jedes europäische Land. Erst seit kurzem erreichte man die dritte Stufe. Jetzt werden regionale und geografische Eigenheiten berücksichtigt und die verschiedenen Teilmärkte mit unterschiedlichen Methoden bearbeitet.

Es ist erstaunlich, daß selbst in den USA, dem Mutterland des Marketing, maximal 1 Dutzend Firmen voll und ganz marketingorientiert arbeiten. Dazu gehören u. a. Kodak, Gillette, IBM, Rank Xerox, Caterpillar und Avon. Von diesen Firmen und ihrer Vorgehensweise kann man viel lernen. Erst das Studium am praktischen Beispiel füllt den abstrakten Begriff «Marketing» mit Leben und macht ihn anschaulich.

Strategie gegen Taktik

Die Marketingstrategie ist der Schlüssel zum Erfolg. Marketingstrategie wird oftmals verwechselt mit dem Etat, dem Budget. Es ist auch nicht ein Werbeplan mit Zahlen und Bildern, nicht das erklärte und kodifizierte Ziel der Unternehmensleitung, unter allen Umständen Gewinn zu machen. Diese Bereiche können allenfalls Teilinhalte, Teilaspekte sein. Sie bilden kein abgerundetes Ganzes. Die Strategie besteht im Unterschied zur Taktik aus einem ganzen Strauß von Prinzipien und Maßnahmen, die eine Gesamtstrategie bilden.

Die Marketingstrategie hat drei Dimensionen, die ihren Inhalt bestimmen:

- ☐ die Position des eigenen Unternehmens im Markt und im Wettbewerb,
- ☐ der Stand der Erzeugnisse im Produktlebenszyklus,
- ☐ die erwartete künftige wirtschaftliche Entwicklung.

Erfolgreiche Marketingstrategien

Jedes Unternehmen bewegt sich auf Märkten mit speziellen Kennzeichen. Eine Firma kann der absolute Marktführer sein. Oder als Aufsteiger oder «Herausforderer» ist sie der zweite oder dritte am

Markt. Bei der Strategie der Marktnische hat das Unternehmen eine Marktlücke gefunden und bewegt sich in einem speziellen Marktsegment, in dem es relativ unbehelligt und erfolgreich operiert. Diesen unterschiedlichen Positionen im Markt sind die entsprechenden Marketingstrategien anzupassen. Ein Marktführer muß anders vorgehen als der «Herausforderer»; die kleine Firma, die eine Marktnische entdeckt hat, anders als ein Großbetrieb.

Die Marketingstrategie des Marktführers

Der Marktführer ist die dominierende Firma im Markt mit dem höchsten Marktanteil. Er hat zwei Probleme. Einmal stellt sich ihm die Frage, wie er den Gesamtmarkt, den er weitgehend beherrscht, ausdehnen kann. Kodak beispielsweise beherrscht in Amerika 80 % des Filmmarktes. Einen noch größeren Marktanteil anzustreben wäre sehr schwierig, da die Nichtverwender von Kodak-Filmen kaum zu gewinnen sind. Diese sind auf andere, kleinere Marken eingeschworen und könnten (vielleicht) nur mit unverhältnismäßig hohem Aufwand gewonnen werden. Kodaks Strategie kann somit nur lauten, den Gesamtmarkt auszudehnen oder andere verwandte Märkte zu erschließen.

Das zweite Problem für den Marktführer besteht darin, daß es die existierenden Marktanteile mit allen Mitteln verteidigen muß. Er befindet sich also immer in der Defensive.

Wie kann der Marktführer seinen Absatzmarkt ausdehnen? Er kann zusätzliche, neue Verbraucherschichten erschließen, z. B. im Ausland oder in anderen regionalen Räumen. Er kann nach neuen Verbrauchs- und Verwendungsmöglichkeiten für seine bereits bestehenden Produkte suchen. Letztlich kann er seine Abnehmer ermuntern, mehr vom gleichen Produkt zu verbrauchen. Dazu das Beispiel eines Herstellers von Wundpflastern, der seinen Absatzmarkt ausdehnen will.

Einmal kann er Nichtverwender von Wundpflastern ansprechen. Dies ist nicht einfach, weil es sich hierbei meist um «Naturburschen» handelt, die die Anwendung einer solchen zivilisatorischen Errungenschaft ablehnen. Die Strategie: in einer Werbekampagne die Gefahren der Wundverschmutzung in drastischer Weise deutlich machen. Eine andere Marketingstrategie: weitere Verwendungsmöglichkeiten für Pflaster finden, beispielsweise poppige, farbige Schönheitspflästerchen zur Dekoration. Eventuell kann auch durch die Produktion von größeren Pflastern der Produktabsatz erhöht werden.

Der Marktführer hat es immer schwer, seinen Marktanteil zu verteidigen. Jeder Konkurrent schaut auf ihn und studiert seine Schwächen genau. Avis, die Nr. 2 auf dem Mietwagensektor in Amerika, ging den Marktführer Hertz in brillanter Weise an. Der Slogan der Werbekampagne: «Wir sind zwar nur die Nr. 2, aber deshalb müssen wir uns auch mehr anstrengen.»

Welche Strategie der Marktführer anwenden muß, um seine führende Marktstellung zu halten, kann nicht schlüssig beantwortet werden. Es gibt kein Patentrezept oder vielleicht dieses, daß er alles recht machen muß – aber auch alles.

Die Prinzipien von Procter und Gamble

Mit einigen grundlegenden Marketingprinzipien hat P & G seine führende Stellung auf dem amerikanischen Waschmittelmarkt seit über 40 Jahren erfolgreich verteidigt.

Prinzip Nr. 1
Die Firma versucht immer, ein Produkt zu produzieren, das qualitativ über dem Durchschnitt liegt. Das heißt, daß das Produkt nicht immer das beste sein muß – aber auf alle Fälle besser als der Durchschnitt.

Prinzip Nr. 2
Die Firma verbessert ständig die Qualität der Produkte im Laufe ihrer Lebenszeit. Oft wird den Verbrauchern nicht gesagt, daß das Produkt verbessert wurde. Sie finden es selbst heraus und sind um so angenehmer von der gestiegenen Qualität überrascht.

Prinzip Nr. 3
Man betreibt systematische Produktinnovation. In der Entwicklung einer neuen Zahnpasta wurden 10 Jahre intensive Forschungs-

arbeit gesteckt. Das Ergebnis war ein vollkommen neues Produkt, das die Zähne weitgehend gegen Zahnverfall schützt. Mit der neuen Zahncreme konnte P & G innerhalb kürzester Frist 40 % Marktanteil erringen.

Prinzip Nr. 4
Durch Produktflankierung werden systematisch Angebote erstellt, die das Hauptprodukt nach allen Seiten hin abstützen. Es werden ganze Produktfamilien geschaffen, die jedem Geschmack und Geldbeutel etwas bieten.

Prinzip Nr. 5
Die Multi-Brand-Strategie bedeutet, daß verschiedene Marken eingeführt werden, die sich gegenseitig Konkurrenz machen. Man schafft sich also lieber die Konkurrenz im eigenen Hause. Die Gefahr dieser Marketingstrategie liegt darin, daß allzu leicht ein sog. Kannibalisierungseffekt eintreten kann: Im harten Kampf um Marktanteile «frißt» ein Produkt das konkurrierende andere Produkt des Hauses schließlich auf. Dieser unmittelbare «Wettbewerb» kann dadurch verhindert werden, daß die gleichen Produkte mit unterschiedlichem Markennamen, anderer Packung usw. an andere Verbrauchergruppen abgesetzt werden.

Prinzip Nr. 6
P & G betreibt eine systematische Pflege seiner Markennamen. Nicht der Firmenname wird propagiert, sondern immer der Markenname des Produktes. Dadurch werden Produktpersönlichkeiten mit eigenem, unverwechselbarem Namen geschaffen.

Prinzip Nr. 7
Die Produktionsanlagen müssen immer auf dem neuesten Stand der Technik sein. Erstklassige Ingenieure, modernste Produktionsanlagen erlauben, bei gleicher Qualität besser und billiger zu produzieren und damit bessere und billigere Produkte anbieten zu können.

Prinzip Nr. 8
Man unterhält eine starke und aggressive Verkaufsorganisation.

Besondere Aufmerksamkeit wird den Außendienstmitarbeitern gewidmet, die dazu beitragen, neue Produkte rasch und problemlos einzuführen.

Prinzip Nr. 9
Die Firma gibt viel Geld für die Werbung aus. P & G gehört zu den werbeintensivsten Firmen Amerikas, bevorzugt wird das Werbefernsehen. Die Werbung selbst ist nicht besonders gut, nicht originell, aber – so ein sarkastischer Kritiker – sie irritiert genug, um sich daran zu erinnern.

Prinzip Nr. 10
Die Firma betreibt systematische Promotion ihrer Produkte, etwa durch Preisausschreiben, Wettbewerbe und andere Maßnahmen.

Die Strategie des «Herausforderers»

Der «Herausforderer» als Zweiter oder Dritter am Markt hat es in seiner Strategie bedeutend leichter als der Marktführer, da er bereits auf gebahnten Pfaden gehen kann. Der «Herausforderer» kann im Windschatten operieren; er braucht keinen neuen Bedarf aufzubauen. Seine Möglichkeiten sind vielfältig:

- ☐ er kann Marktanteile vom Marktführer abjagen,
- ☐ er kann anderen «Herausforderern» Marktanteile abnehmen,
- ☐ er konkurriert gegen kleinere Mitbewerber.

Der schlechteste Weg, Marktanteile zu gewinnen, liegt in der Konfrontation mit dem Marktführer. Guter Wille und Entschlossenheit allein genügen nicht, dem Stärkeren Marktanteile abzujagen, da dieser meist über die bessere Organisation, das bessere Know-how und über die größeren finanziellen Mittel verfügt. Besser dagegen sind die folgenden Marketingstrategien.

Bei niedrigerem Preis bietet der «Herausforderer» dieselbe Qualität wie der Marktführer. Im amerikanischen Filmgeschäft wurde der absolute Marktführer Kodak vom japanischen Newcomer Fuji herausgefordert. Fuji konnte dieselbe Qualität wie Kodak bieten, jedoch bei niedrigerem Preis.

Damit solche Strategie Erfolg hat, müssen die Käufer jedoch preisbewußt einkaufen. Die Markenbindung darf nicht zu hoch sein, und die Verbraucher dürfen nicht allein nach den Merkmalen Qualität und Image entscheiden. Der «Herausforderer» muß gewährleisten, daß dasselbe qualitative Niveau auch tatsächlich geboten wird. Letztlich muß er den Verbraucher noch davon überzeugen, daß es auch wirklich dieselbe Qualität ist.

Zieht der Marktführer mit seinen Preisen nach, hat der «Herausforderer» seinen Preisvorteil verloren. Dies ist jedoch unwahrscheinlich, weil sich der Marktführer durch eine solche Strategie die Preise selbst kaputtmacht. Besser einen etwas kleineren Marktanteil in Kauf nehmen und dafür vernünftige Preise erzielen, als sich auf einen ruinösen Preiskampf einlassen.

Ein Beispiel für die fehlgeschlagene Strategie einer Preisunterbietung liefert der Arzneimittelmarkt. In Amerika kam ein neuentwickeltes Aspirin ohne schädliche Nebenwirkungen auf den Markt. Das neue Medikament war jedoch in seiner Zusammensetzung relativ einfach, die Bestandteile waren bekannt, und das Produkt war nicht geschützt. Daher gab es neben dem absoluten Marktführer etwas 300 Hersteller, die das neue Arzneimittel mit mehr oder weniger gutem Erfolg vertrieben. Die Preise waren in etwa gleich – bis ein «Herausforderer» vorpreschte und in einer großangelegten Werbekampagne propagierte, daß alle Mittel im Grunde genommen gleich seien, nur sei sein Produkt 15 % billiger. Im Gegenzug senkte der Marktführer ebenfalls seinen Preis. Der «Herausforderer» mußte seine Kampagne einstellen. Das Ergebnis war, daß auch die übrigen Hersteller gezwungen waren, mit ihren Preisen nachzuziehen. Und die Verbraucher wußten nun, daß alle Marken im Endeffekt gleich waren, eine Produktdifferenzierung nach den verschiedenen Marken war nicht mehr möglich. Der eigentliche

Gewinner dieser verfehlten Strategie war der Marktführer. Aufgrund der Werbekampagne interessierten sich viele Leute für das neue, bessere Produkt. Das Volumen des Gesamtmarktes wurde zugunsten des Marktführers ausgeweitet.

Die Billigerproduktstrategie

Bei der Billigerproduktstrategie bietet der «Herausforderer» Produkte mit geringerer Qualität bei geringerem Preis an. Produkte von minderwertiger Qualität bei gleichem bzw. höherem Preis anzubieten, wird in Amerika «one night»-Strategie genannt, da der Erfolg nur kurzfristig ist. Die Billigerproduktstrategie kann nur so lange erfolgreich sein, als kein Anbieter auftritt, der noch billiger und noch schlechter ist. Besser ist der Mittelweg.

Bei der Strategie der Prestigeprodukte werden Erzeugnisse angeboten, die qualitativ hochwertig und gleichzeitig teuer sind. Geboten wird ein Zusatznutzen, der berühmte Snob-appeal. Ein Hersteller in Amerika bietet einen Hut für 150 $ an. Er soll davon noch kein einziges Stück verkauft haben. Durch seinen Ruf als vornehmster und sündhaft teurer Hersteller kann er jedoch sehr gut vom Verkauf seiner anderen Hüte leben.

Der «Herausforderer» kann sich auch durch bessere Serviceleistungen profilieren. Die Mietwagengesellschaft «Avis» als Herausforderer trat mit dem besseren Dienstleistungsangebot (saubere Mietwagen, freundlicheres Personal) gegen den Marktführer Hertz an. Besonders das Verkaufspersonal wurde entsprechend geschult und motiviert. Man verkaufte nicht nach dem berühmtberüchtigten «hit and run»-Prinzip vieler Verkäufer, das in den USA auch Verkauf mit LGD heißt: L wie Lunch, G wie Golf, D wie Dinner.

Die Strategie der Marktnische

Ein Unternehmen, das weder über die finanziellen noch über die organisatorischen Mittel seiner großen Konkurrenten verfügt, muß die Strategie der Marktnische verfolgen. Eine solche Marktnische muß

- ☐ genügend groß sein,
- ☐ vom Marktführer und den «Herausforderern» vernachlässigt sein, d. h., diese dürfen kein Interesse an dem kleinen Teilmarkt haben,
- ☐ die Wahrscheinlichkeit muß hoch sein, daß die Stärkeren dieses Marktsegment nicht erschließen wollen.

Die Strategie der Marktnische haben viele kleine und Kleinstfirmen erfolgreich angewendet, denn es gibt trotz ausgeschöpfter Märkte immer wieder Lücken, in die ein kleines flexibles Unternehmen hineinstoßen kann.

Fazit:

Gekonntes Marketing ist bei vielen Firmen in Vergessenheit geraten. Es lohnt sich jedoch, die Ideen und Strategien erfolgreicher Unternehmen – besonders aus den USA – zu studieren. Noch immer ist Marketing weniger eine Frage des Geldes als des Geistes.

Kapitel 4

ERFOLGREICH VERKAUFEN: VERKÄUFERVERHALTEN UND VERKAUFSGESPRÄCH

Verkaufspsychologie

180 Sekunden entscheiden über den Erfolg

Kaufen und verkaufen ist ein kybernetischer Regelkreis aus Bedürfnisspannung, Erwerbswunsch, Befriedigung und neuer Bedürfnisspannung. Wir alle sind dabei aktive und passive Darsteller. Denn unabhängig von Beruf und sozialem Status sind wir auch Verkäufer in eigener Sache; wir verkaufen Meinungen, Stimmungen, Gefühle, Vorurteile, Sympathien und Antipathien, Ideen und Erfahrungen. Dabei bedienen wir uns eines Wortinstrumentariums, dessen rhetorische Qualifikation zusammen mit Denkgeschwindigkeit, Reaktionsfähigkeit, Wortschatz die Überzeugungsparameter setzt.

Untrennbar verbunden damit ist jedoch die untrügliche und wahrhaftigere Körpersprache (Kinesik genannt), die als unterbewußte und deshalb überwiegend unkontrollierte Begleitmusik der Interaktion oftmals einen höheren Aussagewert hat als das (vielfach gelogene) gesprochene Wort.

Während noch vor Jahren Verkaufsgenies als wortgewaltige Vielredner galten, deren Suaden man sich bereitwillig ergab, ist nach einem Wandel der Anschauungen und Einsichten der erfolgreiche Verkäufer von heute zwar ein extrovertierter Kontakttyp, aber eher ein mehr «hinhörender» oder fragender Partner mit systemorientiertem und zielstrebigem Wortschatz. Das Kompendium seiner persönlichen Wirkungsmittel muß in den ersten Minuten als «geballte Ladung» auf den typmäßig richtig eingeschätzten

Käufer wirken, wenn mit folgerichtigem Gesprächsverlauf und harmonisierender Interaktion ein gelungenes Geschäft am Abschluß des Kontaktes stehen soll.

Kurzum, während früher der Verkaufsargumentation, Einwand- und Abschlußtechnik im Verkaufsgespräch das Hauptaugenmerk von Verkaufstrainern und Verkaufspsychologen zugewandt wurde, ist man heute der Meinung, daß Begrüßungszeremoniell und Anwärmetechnik in den ersten 180 Sekunden entscheidender sind als alle anderen Stufen und Gesprächsphasen.

Die Überbewertung der verbalen Kommunikation ist ein Symptom unserer Überredungsgesellschaft und ihrer manipulativen Methoden, die auch das Verkaufsgespräch zunehmend entarten lassen, an deren Endpunkt ein frustrierter Kunde steht. Das Niveau der politisch-dialektischen Rhetorik in Deutschland ist ein beredtes und zugleich abschreckendes Beispiel auf diesem Weg, von Sprachwissenschaftlern und Philologen längst erkannt und bloßgelegt.

Fachwissen allein führt nicht zum Erfolg

Das Verkaufsgespräch verlangt vom Verkäufer ein hohes Maß von Menschenkenntnis, Hinwendungsbereitschaft und psychologischer Anpassung. Da in jedem Kaufentschluß das Unterbewußtsein mit einem Anteil von etwas 90 % beteiligt ist, haben emotionelle Wechselwirkungen eine unterschätzte Dominanzbedeutung. So hat kürzlich eine bekannte große Reifenfirma ihre Vertriebsorganisation ganz bewußt mit «Nichtfachleuten» neu aufgebaut und ohne die Scheuklappen von fachblindem Verkaufschinesisch zu beachtlichen Mehrleistungen gebracht. Solche atypischen Verkaufsmuster sollten uns ein neues Vorfühlen im Verkauf lehren, das klare Argumentationstechnik und Fachwissen gewiß nicht verneint, nur auf einen bescheideneren Stellenwert in der Bewertung der Erfolgsfaktoren ansiedelt. Für jeden Käufer geht es bei unterschiedlicher Anpassung eines offenen oder verborgenen Kaufwunsches erst einmal um das unlustvolle, materiell geprägte Denkmuster, «Geld loszuwerden». Dieses Denkmuster ist Ursache eines oftmals komplexbehafteten und gehemmten Ursprungsverhaltens eines Käufers, der in seinen Wunschvorstellungen durch das Verkaufsgespräch innerlich geklärt und geläutert werden sollte. Unsere bedienungslosen Großverkaufsstellen machen sich diesen psychologischen Umstand zunutze. Sie postulieren hieraus geradezu eine Verkaufstugend. Supermärkte, Cash-and-Carry-Hochburgen, Verbrauchermärkte sind das Dorado dieser Einkaufsanonymität.

Bei einer Analyse von fast 1 000 auf Video aufgenommenen Verkaufsgesprächen ergab sich eine Unmenge falscher, eingelernter Auftritte des Verkäufers, die jegliches Fingerspitzengefühl und eine gezielte Kommunikationstechnik vermissen ließen. So wurde gleich in den ersten entscheidenden Sekunden der Kontaktaufnahme wichtiges Verständigungsporzellan achtlos zerschlagen und Abwehr- und Schutzmechanismen des Kunden ausgelöst. Die wichtigste Hürde der Anwärmphase des Verkaufsgesprächs wurde in den wenigsten Fällen elegant genommen.

Es gibt weite Verbraucherschichten, die beim Einkauf lieber alleine gelassen werden wollen, um in der Anonymität besser und ungestört «prüfen» zu können. Diese Verhaltensweise ist gerade bei jungen Menschen anzutreffen. Der Wunsch des Unbehelligteinkaufens entspringt einem Unsicherheitsgefühl des Kunden und hat zudem noch eine soziale Bestimmungskomponente: daß nämlich jüngere Verbraucher einkommensschwächerer Schichten mit mittlerer Bildung dieser Angebotsform stärker zuneigen als Angehörige der sozialen Oberschichten mit höherem Bildungsniveau und besserer Entscheidungsqualität.

Am Anfang stehen die Hemmungen

Jeder Mensch kauft mit einem eingespiegelten Spektrum seiner unterbewußten Erfahrungsmuster, die teilweise schon verdrängt und nicht mehr so bewußt «auf der Zunge» liegen. Nur jeder 10. Kunde etwa hat überhaupt die Fähigkeit, sein Anliegen konkret zu formulieren. Und 5 weitere Menschen von diesen 10 drücken sich so unklar oder nebulös aus, daß die wahre Kaufabsicht erst herausgelockt werden muß. Allen anderen mangelt es an der Bewußtmachung des Kaufmotivs, an Wortsubstanz und Formulierfähigkeit. Man spürt die Schwäche, Unsicherheit und Hemmung und versucht dies zu vertuschen. Denn unser sozialer Wettbewerb führt ja geradezu zum eilfertigen Kaschieren von Unzulänglichkeiten.

Schon vor Betreten eines Ladenlokals überfallen deshalb die meisten Käufer Zweifel und Hemmungen. Es fehlt oftmals an der Vorstellungskraft für ein bestimmtes Produkt, einer visuellen Vorstellung, wenn es sich nicht gerade um einen Ersatz- oder Routinekauf handelt. Was soll ich sagen? Wie kann ich das, was ich eigentlich will, ausdrücken? Kann ich aussprechen, was mich bedrückt, was mich bewegt, was mich zur Kaufabsicht treibt? Wie soll ich aussehen? Was darf ich ausgeben?

Fühlen Sie sich in den Kundentyp hinein!

Aus der Reaktion der Kunden auf die erste, vorsichtig gestellte Absichtsfrage wird für die Verkäufer zugleich deutlich, ob der Kunde sicher oder unsicher, frei oder gehemmt, emotional oder rational, geneigt oder bedrängt, dankbar oder unwillig, aufgeschlossen oder zugeknöpft, interessiert oder eher gleichgültig in den Prozeß des Verkaufsgesprächs eintritt und mit welcher Gesprächs- oder Beratungsintensität er bedient werden möchte.

Nach der freundlichen Begrüßung muß die Seele des Kunden erst einmal durch eine entspannte, gelöste Atmosphäre umfriedet werden. Der Kunde muß spüren, daß er in diesem Moment das Wichtigste von der ganzen Welt ist. Er muß den Kontakt, die Hinwendung des Verkäufers fühlen. Er fühlt das mehr aus der Gebärdensprache und den Gesichtsgesten als aus dem gesprochenen Wort.

Die empirische Forschung weiß heute, daß die gefühlsmäßigen Assoziationen der ersten Sachinformationen weit bedeutender sind für das Wohlempfinden des Kunden als das Argument an sich. Nach gefundener Grundeinstellung verschiebt sich das später im Verkaufsgespräch zugunsten der Nutzeninformation für den Kunden. Aber aktiv Atmosphäre schaffen heißt für den Verkäufer: andächtig hinhören und gezielt fragen! Es gilt, nichts anderes wahr- und aufzunehmen in kombinativer geistiger Verarbeitung als

- ☐ den Wunsch des Kunden,
- ☐ das Problem des Kunden,

- ☐ die Kaufabsicht des Kunden,
- ☐ die momentane Reaktion des Kunden.

Das sind die ersten Etappenschritte der Informationsaufnahme. Und für den Kunden geht es in den ersten drei Minuten an der Kauftheke um die Feststellung

- ☐ Bin ich im richtigen Geschäft?
- ☐ Finde ich das, was ich will?
- ☐ Wird meine Person gebührend respektiert?
- ☐ Entspricht die Bedienung meinen Vorstellungen?
- ☐ Fühle ich mich hier wohl?

Überwiegend werden nur die ersten zwei Fragen kausallogisch, also bewußt und kognitiv von der Wahrnehmung oder direkten Antwort registriert. Bedeutender ist die unterbewußte Ansprache mit den drei anderen Fragen.

Begreifen wir, daß der Kunde von einer Suchspannung her kaufmotiviert ist, wenn er das Geschäft betritt. Ist der Verkäufer im ersten Gesprächsansatz zu direkt oder vordergründig absichtsvoll in ihrem Verkaufsinteresse, dann rastet der Kunde ein.

Der Verkäufer muß sich also in den Kunden und seine Situation hineinfühlen.

Den Standpunkt, den Blickpunkt, die Innensicht des Kunden herauszufinden, ist Kauforientation. Das geschieht in den ersten drei Minuten. Erst dann kann der Verkäufer die erste Anerkennung geben, die erste Bestätigung für die Meinung des Kunden, die erste Akzeptanz der anderen Persönlichkeit, die Voraussetzung dafür ist, daß das Gespräch in Gang und Fluß kommt. Eine Meinung kann man nur zur Kenntnis nehmen. Bestätigung oder Anerkennung geben, Lob zollen kann man erst dann, wenn man das Hintergrundmotiv des Kunden erkannt hat, das zu dieser Meinung oder Auffassung geführt hat.

Damit soll die wichtige Argumentationstechnik nicht geschmälert werden, die ehrlich und glaubhaft kundenorientiert sein muß. Aber die unterbewußten Beziehungen des Begrüßungszeremoniells scheinen nach allen neuen Untersuchungsergebnissen weit wichtiger zu sein.

Fazit:

Die menschliche Wärme und die von innen heraus kommende echte Hinwendung der Verkäuferpersönlichkeit zum Kunden bestimmt in den ersten 180 s das unverwechselbare Einkaufserlebnis. Das bestimmt den weiteren Verlauf des Verkaufsgespräches und damit letztlich den Verkaufserfolg. Die Kenntnis dieser Zusammenhänge kann dem Handels- genauso wie dem Industriebetrieb einen entscheidenden Wettbewerbsvorsprung sichern.

12 goldene Hilfen für den Verkauf

Jeder Verkäufer hat Stärken und Schwächen. 12 wichtige – goldene – Eigenschaften sollte jedoch jeder Außendienstmitarbeiter besitzen bzw. sich aneignen. Die hier vorgestellten Anforderungen wurden durch eine Befragung von über 1 000 Außendienstmitarbeitern ermittelt. Gefragt war: «Welche Eigenschaften muß ein guter Verkäufer haben?»

1. Guter Zuhörer

Dieser Punkt tauchte ganz oben in der Liste auf und hat bei vielen Vorgesetzten – wie Verkaufs- und Marketingleitern – zu großem Erstaunen geführt. Wie recht haben hier doch die Verkäufer? Jeder von uns meint, daß er der Mittelpunkt der Welt ist. Gerade das glauben jedoch viele Verkäufer sogar, ihren Kunden mitteilen zu müssen. Aber diese Ansicht hat einen entscheidenden Nachteil: Es gibt inzwischen mehr als 6 Mrd. Mittelpunkte! – Zuhören ist die andere Hälfte des Lebens und eine der entscheidenden Geheimwaffen, um heute im Verkauf besonders gut bestehen zu können.

2. *Gepflegtes Gesamtbild*

Hier war man eindeutig der Meinung, daß sich jeder Außendienstmitarbeiter der Erwartungshaltung seiner Kunden anpassen muß. Individualität ist zwar sehr schön, was nützt es jedoch, wenn dadurch weniger verkauft wird? Ein Verkäufer im Freizeitmarkt sollte den Wünschen seiner Kunden ebenso Rechnung tragen (z. B. durch eine entsprechende Freizeitkleidung) wie der Verkaufsmanager im Hotel oder der Zweigstellenleiter einer Bank.

3. *Sicheres Auftreten*

Es gibt viele Richtlinien, um nach außen hin in einer wichtigen – und für Sie entscheidenden – Situation sicher zu wirken. Drei Regeln sollte jeder Verkäufer besonders beachten:

1. Halten Sie Blickkontakt mit Ihrem Gesprächspartner.
2. Sprechen Sie unbedingt laut und vernehmlich.
3. Machen Sie keine engen Armbewegungen.

Wenn Sie diese drei Punkte beachten, so strahlen Sie zu Beginn zumindest nach außen schon eine gewisse Sicherheit aus. Der Rest ergibt sich bestimmt im Laufe des Verkaufsgespräches.

4. *Fundierte Fachkenntnis*

Eine wichtige Grundvoraussetzung für jeden Verkäufer. Sie können noch so gut geschult sein und noch so viel Sympathie ausstrahlen, wenn Ihnen die Fachkenntnis fehlt, wird das jeder Kunde bemerken: Sie werden wahrscheinlich nur sehr selten zum gewünschten Erfolg kommen.

5. *Breitgefächerte Allgemeinbildung*

Dieser Punkt gewinnt immer mehr an Bedeutung. Wir konkurrieren nicht mehr mit der Qualität unserer Produkte und Dienstleistungen allein, sondern auch mit der Qualität der Verkäufer. Hinzu kommt, daß eine gute Allgemeinbildung und ein entsprechendes Grundwissen während des Verkaufs zu einer positiven Stimmung führen. Sie bilden somit die Grundvoraussetzungen für ein effizientes Gespräch und einen positiven Verlauf der Verkaufsverhandlungen.

6. *Ideenreichtum und Flexibilität*

Jeder Verkäufer muß heute nicht mit dem Kunden, sondern auch mit dem eigenen Unternehmen gute Kontakte halten. Hierzu gehört auch, daß er sein Gedankengut an das Unternehmen heranträgt und gezielte Hilfen gibt, damit das Produkt weiterentwickelt wird oder auf den Kunden (z. B. von seiten des Verkaufs-Innendienstes) noch besser eingegangen werden kann.

Flexibilität in Richtung des Kunden bedeutet, daß er sich den Wünschen des Kunden nicht unbedingt anschließt, sondern versucht, sie im Sinne seines Unternehmens umzusetzen.

7. *Guter Informationsträger*

Der Preis ist nicht das einzige, was den Kunden interessiert! Er braucht die Informationsquelle – den Verkäufer –, um sich von anderen Mitbewerbern abzuheben. Der Einkäufer will oft wissen, wie das Produkt oder die Dienstleistung seines Unternehmens beim Kunden ankommt. Gute Informationen helfen, eigene Produkte bzw. Dienstleistungen besser zu verkaufen.

8. *Pünktlichkeit, Zuverlässigkeit*

Eine der Grundvoraussetzungen, die nicht weiter diskutiert werden müssen. Besonders zu beachten ist, daß wir uns an diese goldene Regel nicht nur bei potentiellen und schwierigen Kunden halten sollen. Auch der freundliche Stammkunde hat ein Anrecht auf Pünktlichkeit und Zuverlässigkeit.

9. *Durchsetzungsvermögen und Zielstrebigkeit*

Diese Eigenschaften wurden von den 12 Punkten oft an erster Stelle genannt. Hierzu gehört, daß Sie die entsprechenden Regeln der Rhetorik und Verkaufsrhetorik beherrschen, um sich gegenüber

Ihren Kunden besser durchsetzen und auch «verkaufen» zu können. Verkaufen heißt hier, den Kunden besser (und schneller) überzeugen zu können. Wichtig ist für Sie, die Regeln des Verkaufsgespräches genau zu kennen und eine gute Fragetechnik einzusetzen.

10. Kontaktmensch

Jeder Verkäufer sollte versuchen, mit Hilfe der zuvor genannten Punkte den optimalen Kontakt zu seinen Kunden zu finden. Sie können ein noch so gutes Produkt und einen noch so günstigen Preis haben, wenn Sie den Geschäftspartner – den Kunden – nicht als Menschen gewinnen, haben Sie sehr oft keine Chance. Nur wenn Sie vertrauenswürdig wirken – und auch sind –, haben Sie als Außendienstmitarbeiter eine Chance!

Gehen Sie möglichst oft auf die Wünsche und Vorstellungen des Kunden ein. Nicht, was ich (der Verkäufer) kann, nicht, was wir (die Firma) leisten, sondern nur der Vorteil, den der Kunde erzielt, ist entscheidend.

11. Gute Sprechtechnik

Pflegen Sie keinen überzogenen Dialekt. Umgekehrt: Versuchen Sie auf keinen Fall, ein reines Hochdeutsch zu sprechen, sondern behalten Sie – wenn vorhanden – Ihre mundartliche Färbung.

Sprechen Sie jedoch lieber einen Deut langsamer als zu schnell. Am Rande: Eine tiefe Stimme ist immer sympathischer als eine hohe. Kurze Sätze zwingen Sie dazu, am Ende des Satzes Ihre Stimme zu senken. Machen Sie öfters Pausen. Die Pausen sind ein Hauptmittel der Verkaufsrhetorik, um den Gesprächspartner aus der Reserve zu locken. Hat nicht fast jeder «gute» Verkäufer den Hang, schnell etwas zu sagen, wenn plötzlich eine Pause im Verkaufsgespräch entsteht?

12. Positive Grundeinstellung

Dieser Punkt rangiert immer weiter vorn in der Skala. Wir können nur gut verkaufen, wenn wir eine entsprechende Einstellung haben.

Nur wenn wir auch innerlich überzeugt sind, wird dies eine entsprechende Ausstrahlung auf den Kunden haben. «In dir muß brennen, was du in anderen entzünden willst», ist eine wichtige Grundregel im Verkauf.

Wenn noch nicht einmal der Verkäufer von seinem Produkt oder von seiner Dienstleistung überzeugt ist, wie soll er dann auf die Kunden überzeugend wirken?

Fazit:

Alle 12 Eigenschaften sind für den Verkäufer wichtig. Überprüfen Sie, welche Eigenschaften Sie besitzen und welche Sie verbessern können. Jeder sollte an sich arbeiten und möglichst alle 12 Hilfen einsetzen.

Sollten Sie z. B. feststellen, daß Sie schlecht zuhören können (1. Eigenschaft), es Ihnen an Zielstrebigkeit fehlt (9. Eigenschaft) und ihre Sprechtechnik verbesserungswürdig ist (11. Eigenschaft), so nehmen Sie sich folgendes vor: Versuchen Sie, eine Woche nur das «Zuhören» im Verkaufsgespräch zu trainieren. Die nachfolgende Woche achten Sie nur auf die klare Linie im Verkaufsgespräch und gehen zielstrebig vor. In der dritten Woche versuchen Sie, kürzere Sätze zu bilden und öfters Pausen einzulegen. Sie werden verblüfft sein, wie schnell bestimmte Verhaltensweisen in Fleisch und Blut übergehen. Viel Erfolg dabei!

Zutritt bei einem neuen Kunden

10 Türen zum Erfolg

Von einem neuen Kunden empfangen zu werden, ist besonders schwer. Für erfolgreiche Verkäufer gibt es bewährte Methoden, doch zum Ziel zu gelangen. Die wichtigsten davon werden hier näher vorgestellt.

1. Referenz-Methode

Eine der elegantesten – und einfachsten – Methoden, um einen Neukunden zu gewinnen: Sie haben ein Referenzschreiben, das von Ihrem Gegenüber akzeptiert wird. Erkunden Sie jedoch vorher eingehend das (gute) Verhältnis zwischen Referenzschreiber und potentiellem Kunden.

2. Einladungs-Methode

Wenn Sie Ihrem Gesprächspartner im Einkauf eine Messekarte überreichen oder zu einer Betriebsbesichtigung einladen können, so ist dies eine gute Möglichkeit, um ins Gespräch zu kommen.

3. Neuigkeits-Methode

Haben Sie für den Kunden eine echte Neuigkeit? Das ist natürlich eine einmalige Chance, um selbst hartnäckige Gesprächspartner von Ihrem neuen Produkt zu überzeugen. Vielleicht ist dies auch der Einstieg, um dann weitere Produkte Ihrer Palette zu verkaufen.

4. PR-Methode

Nutzen Sie eine PR- oder Werbemeldung über den potentiellen Kunden, um das Gespräch zu beginnen. Sie werden selbst feststellen, wie selten diese Methode ihre Wirkung verfehlt. Auch andere Pressemeldungen über das neu zu gewinnende Unternehmen können ein Ansatzpunkt für das erste Verkaufsgespräch sein.

5. Sie-Methode

Beginnen Sie mit etwas Persönlichem, was Sie über den Kunden Positives gehört haben («Sie, Herr Kunde, haben doch ...»). Sprechen Sie die Hobbies und Interessen des potentiellen Kunden an.

6. Angebots-Methode

Sie geben ein verbessertes Angebot beim Kunden ab, das seinen Wünschen entspricht oder zumindest näherkommt. So wurde schon mancher Anti-Kunde zum Dauerkunden umgemünzt.

7. Organisations- und Analyse-Methode

Auch Organisations- und Fertigungsanalysen – als zusätzliche Dienstleistung angeboten – geben Ihnen die Möglichkeit, einen bestimmten neuen Kundenkreis für sich zu gewinnen.

8. Aktions-Methode

Nutzen Sie auch die Sonderaktionen und zeitlich begrenzten Preisnachlässe Ihres Unternehmens, um diese einmaligen Gelegenheiten dem potentiellen Kunden anzubieten.

9. Verbesserungs-Methode

Überlegen Sie sich, welche Verbesserungsvorschläge Sie Ihrem zukünftigen Kunden unterbreiten können. Vielleicht ist Ihr neuer Vorschlag besser als der ...

10. «Neuer-Mann»-Methode

Dies ist natürlich ein besonders leichter Ansatz, um zu einem Gesprächsansatz bei potentiellen Kunden zu kommen. Natürlich können Sie sich nur über einen gewissen Zeitraum in einem Gebiet als «Neuer» vorstellen. Glaubwürdigkeit ist und bleibt eine der entscheidenden Regeln im Verkaufsgespräch.

Fazit:

Nur eine einzige dieser 10 Methoden zur richtigen Zeit, und das Durchlesen dieser Zeilen hat sich mehr als gelohnt!

Sprechen Sie das Unterbewußtsein an!

Wem ist noch nicht während eines Verkaufsgespräches herausgerutscht: «Da haben Sie mich falsch verstanden, Herr Kunde!» oder: «Ich habe da folgenden Einwand gegen Ihren Vorschlag.» Wenn Sie die nachfolgenden Zeilen gelesen haben, so werden Sie sich überlegen, ob Sie in Zukunft solche oder ähnliche Sätze verwenden werden.

Machen Sie einmal folgenden Test: Bitten Sie jemand, spontan (ohne nachzudenken – das ist wichtig!) eine Farbe, ein Werkzeug und ein Musikinstrument zu nennen. Sie werden in neun von zehn Fällen folgende Antworten bekommen:

Für die Farbe:	Rot;
für das Werkzeug:	Hammer;
für das Musikinstrument:	Geige.

Allerdings ist bei der Geige zu beachten, daß Frauen sehr oft ein Blasinstrument nennen. Wie kommt es dazu? – Auch hierfür gibt es Erklärungen. Wir sind alle im Unterbewußtsein vorgeformt, und obwohl wir zum Beispiel die Lieblingsfarbe Grün haben, nennen wir Rot.

Die Erkenntnisse stammen – was das Unterbewußtsein betrifft – sehr stark vom Vater der Tiefenpsychologie, SIEGMUND FREUD.

Was machen wir jedoch beim Verkaufsgespräch? Wir haben wahrscheinlich viel zu oft bisher das Bewußtsein angesprochen und haben nicht gemerkt, wie so manches Verkaufsgespräch an uns vorbeigelaufen ist, obwohl letztlich der Preis, die Argumentation und auch – nach Ihrer Meinung – der Kontakt vorhanden war.

Bild 4.1 Die Eisberg-Theorie nach SIEGMUND FREUD wie bei einem Eisberg, dessen Masse sich zu 6/7 unter Wasser befindet

Eine der wichtigsten Bedingungen im Verkaufsgespräch, um zu einem Verkaufserfolg zu kommen, ist eine positive Stimmung zu schaffen.

Viele negative Formulierungen können wir auch positiv umschreiben. – Sie kennen das Beispiel der zwei Schuhverkäufer in Afrika? Was meldet der Minusmann? «Kein Markt vorhanden, alle laufen barfuß!» – Was meldet der Plusmann? «Riesenmarkt vorhanden, alle laufen barfuß. Unsere Schuhe bieten Schutz gegen Sand und Dornen!» Auch uns passiert es ja, daß wir bestimmte Personen nach einem kurzen Gespräch als besonders sympathisch empfinden bzw. ablehnen. Haben wir hierfür immer eine Erklärung? Im folgenden einige Beispiele aus dem Verkaufsgespräch, wie wir Negativformulierungen positiv ausdrücken können.

Statt:	besser in Zukunft:
1. Ich kann Sie nachmittags leider nicht besuchen.	... Darf ich Sie am ... besuchen?
2. Ab 50,– DM ...	Schon für 50,– DM ...
3. Tricks	Methoden
4. nichtssagend	sehr allgemein gehalten
5. nachmittags geschlossen	vormittags geöffnet

Die Auflösung der zuvor genannten beiden Beispiele ist ganz einfach: Wie wäre es, statt der Minusformulierung: «Da haben Sie mich falsch verstanden, Herr Kunde», zu sagen: «Da habe ich mich undeutlich ausgedrückt», und Sie führen dann alles noch einmal entsprechend aus. Das gleiche gilt für die Formulierung «Einwände»: «Herr Kunde, ich habe da folgenden Einwand». Wäre es nicht viel besser, zu formulieren: «Herr Kunde, ich habe da folgende Frage...»? Wenn Ihnen der Kunde nun nachweist, daß Sie mit Ihrem «Einwand» falsch liegen, haben Sie sich etwas vergeben. Bei der «Frage» haben Sie jederzeit die Möglichkeit, noch auf den Vorschlag des Kunden einzuschwenken. Nicht umsonst gilt: «Wer fragt, der führt!» – Mit einer gekonnten Fragetechnik erzielen Sie immer eine positive Stimmung.

Als nächste wichtige Regel beachten Sie, daß für den Kunden völlig uninteressant ist, was *ich* – der Außendienstmitarbeiter – leiste, noch was *wir* von unserem Unternehmen für ihn tun können. Ihn interessiert ausschließlich, was er erhält.

Ein typischer Satz, der im Unterbewußtsein seine Aggressionen weckt: «Ich kann Ihnen beweisen...». Wie wäre es, zu formulieren «Sie können sich davon überzeugen...»?

Nicht ich, nicht wir, sondern Sie, Herr Kunde.

«Die Welt von seiten des Kunden» sehen (PETER F. DRUCKER), ist eine der besten Formulierungen für Marketing.

Um diese Regeln überhaupt einzusetzen, brauchen Sie jedoch eine positive Grundeinstellung zum Verkauf. Wie heißt es doch so schön: «Wer mit Begeisterung lächelt, kann innerlich nicht traurig sein.» Sollte bei uns diese Begeisterung für unsere Produkte nicht vorhanden sein, so sollten wir überlegen, ob wir nicht den Beruf wechseln.

Fazit:

Wenn Sie das in Zukunft berücksichtigen, so wird der Erfolg nicht ausbleiben. Nur wenn wir zum Ausdruck bringen, daß wir selbst von einer Sache begeistert sind, können wir auch unseren Kunden von unserem Produkt überzeugen. Wir müssen innere Begeisterung ausstrahlen; dann wird sich diese auf den Kunden auch auswirken.

---

12 Methoden der Preisargumentation

Stehe ich zu den Preisen meiner Produkte? Diese Frage sollte sich jeder Außendienstmitarbeiter einmal stellen. Sehr selten sind die Verkäufer anzutreffen, die nicht den Preis als einen – oder sogar für den allein – ausschlaggebenden Punkt im Verkaufsgespräch halten.

Es gibt zwar weitere wichtige Merkmale, die ein Verkaufsgespräch beeinflussen, zum Beispiel die Persönlichkeit des Verkäufers, doch sollten wir unbedingt die Methoden der Preisargumentation kennen. Denn: Es gibt viele Möglichkeiten, um das Argument des Kunden «zu teuer» in die richtigen Bahnen zu lenken. Doch – Hand aufs Herz, haben wir nicht meist eine Standardmethode, mit der wir den Preis verteidigen?

Grundsätzlich können wir vier Arten von Einwänden unterscheiden:

1. der objektiv gerechtfertigte Einwand,
2. die Ausrede (Schutzbehauptung),
3. das Vorurteil,
4. der oberflächliche Einwand.

Allen vier Einwänden müssen wir gleichermaßen sachlich begegnen.

Wichtig ist: Einwände zeigen das Interesse und geben Hinweise auf den Standpunkt des Kunden. Eine Übereinstimmung ist noch nicht vorhanden, doch ermöglicht gerade der Einwand, das Verkaufsgespräch in eine bestimmte Richtung zu lenken. Viel gefährlicher ist es, wenn der Kunde keine Einwände und Fragen hat. Ist dann nicht schon sehr oft eine (negative) Entscheidung bezüglich des Kaufs gefallen?

Was bei einem Einwand zu beachten ist, zeigt Bild 4.2.

Wichtige Voraussetzungen können dazu führen, daß Sie unter Umständen gar nicht erst in die Situation kommen, daß der Kunde Ihnen die Worte «zu teuer» entgegenschleudert. Ich strahle deshalb

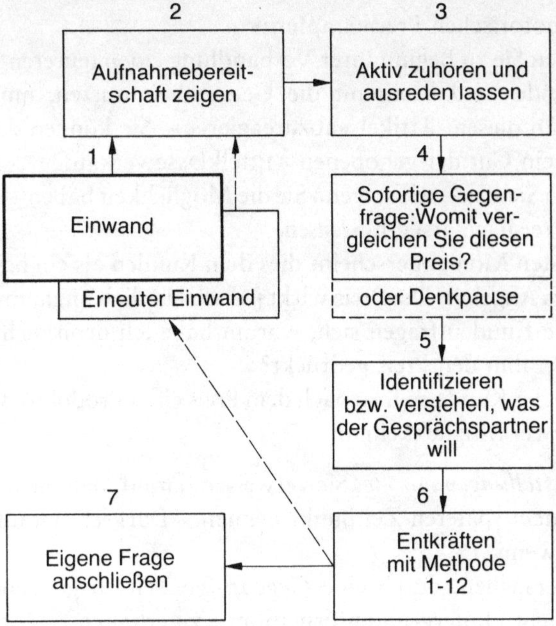

Bild 4.2

unbedingt bei der Nennung des Preises Sicherheit aus. Wie schaffe ich das?

1. Nehmen Sie bei der Nennung des Preises unbedingt Blickkontakt mit dem Kunden auf.
2. Zeigen Sie Ihre Hände, und setzen Sie ein wenig (nicht übertriebene) Gestik ein.
3. Halten Sie unbedingt bei der Nennung des Preises Ihre Lautstärke, und werden Sie nicht leiser.

Unterbewußt wirkt dies sonst bei Ihrem Gesprächspartner negativ: Er hat das Gefühl, Sie sind von Ihrem Preisangebot nicht überzeugt.

Nennen Sie auch nie den Preis gleich zu Beginn des Verkaufsgespräches, sondern bauen Sie erst ein Wertbewußtsein auf. Der Kunde wird den Preis eher akzeptieren, wenn er die spezifischen Vorteile und die damit für ihn und sein Unternehmen positiven Eigenschaften des Produktes aus Ihrem Munde gehört hat.

Bei «notorischen Preiskämpfern»:

Nennen Sie zu Beginn Ihrer Verhandlung einen teureren Artikel. Der Kunde wird bestimmt die Gelegenheit nutzen, um seinen Unmut an diesem Artikel «abzureagieren». Sie können dann viel leichter ein Gut der gehobenen Mittelklasse verkaufen.

Lassen Sie sich – selbst wenn Sie die Möglichkeit haben – nicht zu hohen Preisnachlässen hinreißen.

Im ersten Moment erscheint dies dem Kunden als ein besonders günstiges Angebot. Der Preis wirkt jedoch letztlich unglaubwürdig, und viele Kunden fragen sich, warum habe ich denn nicht schon längst bei ihm den Preis gedrückt?

Wenn der Kunde zu früh nach dem Preis eines Produktes fragt, so gibt es zwei Möglichkeiten:

1. *Rückstellungsmethode*: Sie verweisen darauf, daß Sie den Preis zu einem späteren Zeitpunkt nennen: «Darf ich darauf eingehen, wenn ...»
2. Sie versuchen, durch eine *Gegenfrage* Zeit zu gewinnen, um vielleicht Hintergrundinformationen zu erhalten.
   «Welche Ausführung unseres Modells ziehen Sie vor?»
   «Was glauben Sie, was Sie für dieses wirklich zweckmäßige Produkt nur bezahlen?»

Wir wollen jetzt die 12 Methoden der Preisargumentation behandeln, die den unterschiedlichsten Situationen im Verkaufsgespräch gerecht werden.

1. *Aufwandmethode*

Der Mehrpreis im Vergleich zu einem Wettbewerbsprodukt wird mit einer täglichen Routineausgabe verglichen bzw. in Beziehung gesetzt:

> Dieses Produkt kostet Sie nur eine Zigarette pro Tag mehr.

oder:

> Wenn Sie vergleichen, wieviel inzwischen Ihr Auto täglich kostet, und das vergleichen mit dem Nutzen unseres Produkts ...

2. *Teilungsmethode*

Der Gesamtpreis wird während des Gespräches nicht genannt. Es wird lediglich von dem Basispreis und weiteren Teilpreisen gesprochen.

> Dieses Möbelstück kostet Sie nur ... DM, ferner liefern wir Ihnen hierzu entsprechende Schrankeinsätze ...
> Dieses Automodell kostet lediglich 13 500 DM, es empfiehlt sich jedoch, ein Schiebedach und auch noch ein Radio zu kaufen.

3. *Verkleinerungsmethode*

Es wird nicht der Preis in der «normalen» Gesamtheit genannt, sondern in einer kleineren Einheit. Sie verkleinern den Preis, indem Sie ihn durch Menge, Zeit usw. dividieren.

> Diese Gepäckversicherung kostet Sie nur 3,6 Pfennig pro Tag (Gesamtpreis 3,6 Pfennig x 365 Tage).

Oder an einer Berliner Litfaßsäule:

> Dieses Feld können Sie für 0,36 DM pro Tag mieten.
> (Auch hier muß erst eine entsprechende Größe gekauft werden, bzw. dieser Raum muß für einen bestimmten Zeitraum gemietet werden.)

Interessant wäre es zum Beispiel – so der Direktor eines Wasserwerkes –, den Wasserpreis nicht mehr in Kubikmetern, sondern in Liter anzugeben.

4. *Aktivierungsmethode*

Wenn Sie den Käufer dazu bringen können, etwas zu demonstrieren oder selbst zu machen, so ist der Verkaufserfolg viel schneller zu erreichen. Dies führt übrigens dazu, daß selbst höhere Preise von dem Kunden schneller akzeptiert werden.

> Darf ich Sie bitten, die Speisefolge für Ihr Essen in unserem Hotel selbst zusammenzustellen?
> Können Sie einmal das Modell unserer Doppelstockgarage kurz in Gang setzen?

5. Relationsmethode

Der von Ihnen angebotene Gegenstand wird mit einer teuren Ausführung verglichen, die der Kunde auf keinen Fall kaufen will. Der Preis wirkt so natürlich entschieden niedriger.

> Im Vergleich zu unserem teuren Modell haben Sie hier ...
> Wenn Sie die von Ihnen gewählte Schrankwand mit unserer aufwendigen englischen Schrankwand Y vergleichen, so ergibt sich ...

6. Qualitätsmethode

Diese wird von vielen Verkäufern als letzte Lösung angewandt. Sie erscheint nicht mehr so zugkräftig, denn jeder Verkäufer operiert inzwischen mit dem Qualitätsbegriff.

> Wenn Sie unsere Qualität vergleichen, so ist dieser Preis objektiv gering.
> In bezug auf diese Qualität ist der Preis sehr günstig.

7. Leistungsmethode

Sie nennen die weiteren Leistungen, die beim Kauf eingeschlossen sind:

> In dem Preis sind zusätzlich eine kostenlose Jahresgarantie und ein Rücknahmeservice inbegriffen. Haben Sie bedacht, daß bei diesem günstigen Preis keine weiteren Kosten entstehen?

8. Schockmethode

Wenn der Kunde Ihnen gerade mitgeteilt hat, daß das Produkt viel zu teuer ist, dann sagen Sie ihm:

> An sich müßte der Preis viel höher sein ...

oder:

> Gerade dieser Preis ist besonders günstig ...

Der damit verbundene Überraschungseffekt wird Ihnen helfen, nochmals Ihre Gedankengänge an den Kunden heranzutragen.

9. Motivierungsmethode

Sie stellen dem Gesprächspartner eine Frage, die ihn zur Stellungnahme veranlaßt. Diese Methode führt oft dazu, daß der Gesprächspartner Ihnen seine Vorstellungen präzisiert.

> Was könnten wir nach Ihrer Meinung an diesem Produkt verbessern, daß Sie den von mir genannten Preis akzeptieren können?
> Was müssen wir tun, um Sie als Fachmann von unserem Preis überzeugen zu können?

10. Eisbergmethode

Sie versuchen, das Unterbewußtsein («den Eisberg») des Gesprächspartners zu beeinflussen, indem Sie seine Gefühle ansprechen.

> Es war schon immer etwas teurer, einen besonderen Geschmack zu haben.

oder:

> Dieses Prestigeprodukt wird auch die Bewunderung Ihrer Freunde hervorrufen.

11. Differenzmethode

Sie nennen weder Grund- noch den Luxuspreis, sondern sprechen lediglich von der Preisdifferenz.

> Bei nur 1 000 DM haben Sie eine hervorragende Ausstattung zusätzlich ...

oder:

> Mit 400 DM mehr können Sie ...

12. Verpackungsmethode

Nennen Sie nie den Preis allein. Das fordert grundsätzlich zum Widerspruch heraus, sondern lassen Sie den Preis zwischen zwei Vorteilen Ihres Produktes einfließen.

> Diese abwaschbare Küche kostet nur ... DM, in diesem Preis ist noch der Transport enthalten.

oder:

> Wenn Sie den günstigen Sonderpreis von ... DM berücksichtigen, der zusätzlich noch ... beinhaltet ...

In diesem Zusammenhang noch weitere Grundregeln der Preisargumentation:

1. Machen Sie Zugeständnisse ohne lange Vorankündigung.
2. Fordern Sie jedoch für jedes eigene Zugeständnis ebenfalls eine Konzession von der Seite des anderen. Ein zu leichter Sieg enttäuscht auch den Einkäufer und macht ihn unzufrieden: Er wird bei der nächsten Verhandlung noch mehr von Ihnen fordern.
3. Im gesamten Verkaufsgespräch gilt, daß Sie dem Einkäufer immer «Vorfahrt» gewähren sollen. Zuhören können ist der halbe Weg zum Verkaufserfolg.
4. Den Preis, den Sie nennen, müssen Sie für das Selbstverständlichste auf der Welt halten! Wie können wir den Kunden überzeugen, wenn uns selbst der Glaube (an den Preis) fehlt?

Fazit:

Wenn Sie die 12 Methoden und die Grundregeln der Preisargumentation beachten, so werden Sie in Zukunft im Verkaufsgespräch bestimmt leichter bestehen. Wichtig ist: Zum Erfolg gibt es keinen Lift, man muß die Treppe benutzen. Fangen Sie noch heute an zu üben, sonst kann es morgen im Verkaufsgespräch schon zu spät sein.

Abschlußsignale des Kunden

10 mögliche Anzeichen

Gibt es etwas Schlimmeres für einen Verkäufer als die Erkenntnis, daß er den möglichen Verkaufsabschluß zerredet hat? Hier 10 Tips, wie Sie bestimmte Abschlußsignale des Kunden erkennen bzw. beeinflussen können.

Nonverbale Abschlußsignale

1. *Mehrmaliges, zustimmendes Kopfnicken*
Wie beeinflussen?
Selbst zwischendurch immer wieder mit dem Kopf nicken. Dies führt sehr oft schon zur gleichen Reaktion bei Ihrem Kunden.

2. *Das Produkt wird plötzlich in die Hand genommen*
Wie beeinflussen?
Bringen Sie das Produkt immer näher in seine persönliche Zone (0,50 m bis 1,50 m).

Achtung!
Dies gilt nicht für Prospekte. Hier sucht der Kunde Ablenkung, um Ihnen gar nicht mehr zuzuhören. Prospekte werden möglichst erst am Ende des Verkaufsgespräches überreicht. Es sei denn, Sie sprechen mit dem Kunden den Prospekt durch.

Er fängt meist an zu lesen und gibt dann vor, sich «intensiv» mit Ihrem Angebot zu beschäftigen.

3. *Oberkörper kommt weit nach vorn*
Wie beeinflussen?
Durch einen Wechsel Ihres Oberkörpers beeinflussen Sie unbewußt auch die Körperhaltung Ihres Kunden. Sitzen Sie öfters leicht vorgeneigt. Dies zeigt Ihr besonderes Interesse an dem Kunden und an dem Verkauf Ihres Produktes.

4. *Durchbrechen der Distanzzone*
Der Kunde kommt Ihnen «näher».

Wie beeinflussen?
Sie überwinden die Distanzzone durch Gestik, durch Übergabe von persönlichen Geschenken oder – wenn das Verkaufsgespräch in Ihrem Hause stattfindet – durch persönliche Bewirtung.

5. Entspannung im Gesichtsausdruck/Änderung der Mimik
Wie beeinflussen?
Beeinflussen Sie den Gesprächspartner durch klare, aber auch durch humorvolle Äußerungen. Dies hilft, die Entspannung herbeizuführen und eine entsprechende Vorbereitung zum Kaufabschluß zu geben.

Verbale Abschlußsignale

6. Ein weiterer Gesprächspartner wird vom Kunden hinzugerufen
(Dies kann auch Zeitgewinn und Absicherung bedeuten)
Wie beeinflussen?
Beeinflussen Sie durch die Fragetechnik das Gespräch so, daß der Kunde einen Ihnen wohlgesonnenen Partner – zumeist den Verwender/Anwender des Produkts – dazuruft.

7. Eindeutige Informationsfragen:
«Wieviel kostet das?»
Wie beeinflussen?
Ihr gesamtes Verkaufsgespräch müssen Sie auf diese Frage ausrichten. Den Preis nicht zu Beginn selbst nennen, da Sie erst während des Verkaufsgespräches ein Wertbewußtsein aufbauen können und müssen.

8. Frage nach Einzelheiten:
«Welche Reklamationen hatten Sie bisher?»
«Welchen Zahlungsmodus können Sie mir einräumen?»
«Wann können Sie liefern?»
Wie beeinflussen?
Diesen Fragekatalog sorgfältig aufbauen, bei den zuvor genannten möglichen Fragen des Kunden selbst eine Pause einlegen, um den Kunden zu einer entsprechenden Frage nach Einzelheiten zu veranlassen.

Merke:
Die Pause ist eine besonders scharfe Waffe im Verkaufsgespräch: Weder Kunde noch Verkäufer können es vertragen, wenn Ruhe im Raum eintritt.

9. *Zustimmende Feststellung:*
«Das interessiert mich.»
«Das klingt nicht schlecht.»
«Das hätte ich schon früher wissen sollen.»
«Das habe ich mir schon lange gewünscht.»
«Darauf habe ich schon immer gewartet.»
Wie beeinflussen?
Auch hier gilt es – wie bei Punkt 8 –, die gezielte Fragetechnik einzusetzen.

10. *Direkter Kaufwunsch:*
«Dieses Produkt gefällt mir.»
«Wann/Wieviel können Sie liefern?»
Wie beeinflussen?
Hier gilt es, sofort zu schalten und nicht in dem «programmierten» Verkaufsgespräch weiterzuverfahren und den Kaufauftrag sofort aufzunehmen.

Fazit:

Welche Beeinflussungsmöglichkeit Sie hier letztlich genutzt haben, ist jetzt völlig nebensächlich: Herzlichen Glückwunsch, Sie haben wieder einen Kaufabschluß getätigt.

Warum wird mein Produkt nicht gekauft?

Eine Checkliste mit 12 (möglichen) Gründen

Es gibt eine Vielzahl von Gründen, warum unser Produkt bzw. unsere Dienstleistung nicht gekauft wird. Haben wir als Verkäufer wirklich schon einmal analysiert, warum es nicht zum Verkaufserfolg kam?

Mit mehr als 1 000 Außendienstmitarbeitern wurde in über 100 Verkaufstrainingsseminaren analysiert, welche Gründe es gibt, warum ein Produkt nicht gekauft wird. Überraschend und entgegen allen Erwartungen hat sich herausgestellt, daß an erster Stelle nicht der Preis, sondern andere Gründe ausschlaggebend waren. Dies ist um so erstaunlicher, da immer wieder behauptet wird, daß fast nur der Preis entscheidet, ob das Produkt nun erstanden wird oder nicht.

Folgende Gründe sind möglich:

1. Der Zeitpunkt des Angebots

Insbesondere bei potentiellen Kunden sollten wir nicht gleich nach dem ersten Anlauf den Mut verlieren. Es ist doch möglich, daß durch bestimmte – vom Außendienstmitarbeiter nicht zu beeinflussende – Umstände nur zu diesem Zeitpunkt kein Verkaufserfolg zu erzielen ist. «Steter Tropfen höhlt den Stein» ist ein Motto, das sich jeder Verkäufer zu eigen machen sollte.

2. Veränderungen und Anstrengungen für den Käufer

Wir müssen grundsätzlich versuchen, dies auszuschließen. Wie oft hören wir doch: «Das war bisher so. Warum sollen wir denn unsere Einkaufsgewohnheiten ändern; wir waren doch bisher sehr zufrieden.» Hier müssen wir überzeugende Argumente bringen und eine entsprechende Verkaufsrhetorik beherrschen. Dann wird der Erfolg meist nicht ausbleiben.

3. Das Produkt selbst

Es kommt auch häufig vor, daß ein Kunde an einem ganz bestimmten Produkt nicht interessiert ist. Hier nützt auch die größte Überzeugungskraft – wie auch der beste Kontakt zum Kunden – nichts, da grundsätzlich kein Interesse besteht.

Der Verkäufer muß rechtzeitig passen, um zu einem – viel späteren – Zeitpunkt noch einmal anklopfen zu können.

4. Übersättigung

Dies stimmt mit dem vorherigen Punkt weitgehend überein. Auch wenn der Kunde noch entsprechende Lagervorräte hat, ist die beste Verkaufsrhetorik wirkungslos. Es ist für jeden Außendienstmitarbeiter wichtig, zu wissen, daß es solche Fälle gibt.

Besuchen Sie diesen Kunden auf jeden Fall in absehbarer Zeit wieder. Prüfen Sie auch, ob das «volle Lager» auf Ihr gesamtes angebotenes Sortiment zutrifft.

5. Bedenken wegen der Zuständigkeit

Ein Grund, der überraschend oft von den Außendienstmitarbeitern genannt wurde. Manche Einkäufer sind unsicher, ob sie hier selbständig entscheiden dürfen.

Sehr oft spielt auch Bequemlichkeit (siehe 2) eine entscheidende Rolle.

6. Fehlende Fachkenntnisse

Ein möglicher Grund, der in dieser Checkliste nicht fehlen darf. Viele Verkäufer überschätzen sich. Sie sind zum Teil schon so lange im Geschäft, daß sie alles besser wissen und besser kennen. Das ist eine große Gefahr im Verkaufsgespräch.

Die Selbstüberschätzung wirkt sehr oft negativ auf den Gesprächspartner.

7. Lieferzeit

In einer realistischen Darstellung, warum ein Produkt nicht gekauft wird, darf natürlich die Lieferzeit nicht fehlen. Hier müssen alle Schritte von seiten des Unternehmens unternommen werden, um etwaige Engpässe zu vermeiden. Es darf nicht nur kurzfristig gedacht werden, sondern jeder Kunde muß als Multiplikator für die Zukunft betrachtet werden. Umgekehrt dürfen natürlich keine Lieferzusagen gegeben werden, die nachher nicht eingehalten werden können.

Den Nachteil der langen Lieferzeit für den Kunden müssen Sie durch einen Vorteil für den Kunden auszugleichen versuchen, z. B.: «Trotz der großen Nachfrage werden wir bis zum... liefern.» Wer kauft nicht gern erfolgreiche Produkte und wartet da auf einen (etwas) längeren Zeitraum.

8. Ruf, Image

Auch ein bestimmtes Negativimage kann Ihrem Unternehmen schaden. Bestimmte festgefügte Meinungen zu durchbrechen, wird immer sehr schwer sein. Von der Unternehmensseite muß alles unternommen werden, um das festgefahrene Bild zum Positiven zu wenden.

9. Falsche Anrede

Wie viele Verkäufer haben schon von vornherein verloren, weil sie den Einkäufer nicht mit dem entsprechenden Namen oder Titel angesprochen haben. Es fällt auch dem Autor unangenehm auf, wenn er am dritten Tag eines Seminars – nichts gegen den Wein – noch immer mit «Ruländer» statt mit «Ruhleder» angesprochen wird.

10. Beeinflussung des Einkäufers von dritter Seite

Hierzu gehört die persönliche Beziehung des Einkäufers zu etwaigen Mitbewerbern, ferner die Werbung und die Verkaufsförderung des Wettbewerbs, die einen entscheidenden Einfluß auf die Kaufentscheidung nehmen können.

11. Persönliche Antipathie

Sie können im Verkauf nur erfolgreich bestehen, wenn Sie den Einkäufer als Person für sich gewinnen. Sie werden keine Chance haben, obwohl Preis und Verkaufsargumentation stimmen, wenn der Einkäufer Sie persönlich ablehnt. Er wird unterbewußt immer wieder Gründe finden, warum er gerade Ihr Produkt nicht akzeptieren kann. Hier ist sehr oft der wichtigste Ansatzpunkt, um den Kaufwiderstand zu brechen. Auch Äußerlichkeiten, wie ungepflegte Kleidung, Körpergeruch und schmutzige Fingernägel, sind der erste – oder der letzte – Schritt, um einen Kunden zu verlieren.

12. Unsicheres oder zu lässiges Auftreten

Unvollständiges oder geknicktes Prospektmaterial bzw. das Suchen in den Unterlagen tragen bestimmt nicht zum Verkaufserfolg bei. Sie führen zusätzlich zu einer gewissen Unsicherheit bei jedem Außendienstmitarbeiter.

Zu leises Sprechen und kein Blickkontakt zum Kunden deuten darauf hin, daß der Verkäufer von seinem Produkt nicht überzeugt ist. Wie schwer ist es, einen Einkäufer zu überzeugen, wenn der Verkäufer selbst noch nicht einmal Begeisterung für seine Produkte ausstrahlt! Umgekehrt: Allzu lässiges Auftreten mit übertriebener Sicherheit weckt Aggressionen bei dem Einkäufer.

Sehr oft wird auch die Intimdistanz (bis 50 cm) verletzt. Strecken Sie (bildlich) immer einmal den Arm aus. Wenn Sie dann den Einkäufer berühren, sind Sie ihm zu nahe gerückt – ein Indiz dafür, daß dieses Verkaufsgespräch nicht zu Ihrer Zufriedenheit verlaufen wird.

Fazit:

Überprüfen Sie Ihre bisherigen Verkaufsverhandlungen. Sie können sich dann für die Zukunft besser wappnen. Bereiten Sie sich auf Widerstände vor, die Ihnen bisher noch fremd waren. Denn: Vorbeugen ist besser als heilen.

Fehler im Verkaufsgespräch

Eine Checkliste mit 15 Punkten zum Nachdenken

Ein erfolgreicher Verkäufer zu sein, ist nach wie vor eine der schwierigsten Aufgaben. Wenige gibt es, die von Natur aus alles mitbekommen haben, was dazu erforderlich ist. Die meisten müssen sich die entsprechenden Kenntnisse und Fähigkeiten aneignen. Daß dies durchaus möglich ist, zeigt die folgende Checkliste.

Die folgenden Eigenschaften sollte ein guter Verkäufer haben:

1. guter Zuhörer,
2. gepflegtes Gesamtbild,
3. sicheres Auftreten,
4. fundierte Fachkenntnis,
5. breitgefächerte Allgemeinbildung,
6. Ideenreichtum und Flexibilität,
7. guter Informationsträger,
8. Pünktlichkeit, Zuverlässigkeit,
9. Durchsetzungsvermögen und Zielstrebigkeit,
10. Kontaktmensch,
11. gute Sprechtechnik,
12. positive Grundeinstellung.

Das ist die Meinung von über 1 000 befragten Außendienstmitarbeitern. Es gibt jedoch weitere 15 typische Fehler, die sich besonders während des Verkaufsgespräches ergeben. Gerade diese Fehler werden nicht erkannt, da sich viele Mitarbeiter nur auf den Kaufabschluß konzentrieren. Sie berücksichtigen nicht in ausreichendem Maße die Technik des Verkaufsgespräches.

1. Stelle ich zu oft fest?

Wirkung:
Das weckt Aggressionen und führt automatisch zu Widerspruch.

Tip:
Setzen Sie die Fragetechnik ein. Benutzen Sie öfters die «W-Fragen» (weshalb, warum, wieso...). Ersetzen Sie das Fragewort «warum» durch «aus welchen Gründen». Diese Formulierung läßt den Kunden mehrere Möglichkeiten offen.

2. Halte ich keinen Blickkontakt mit meinem Kunden?

Wirkung:
Nach den Regeln der Körpersprache (Kinesik) sind Sie entweder unsicher, oder Sie haben einen Hang zur Arroganz. Beide Möglichkeiten wirken negativ auf den Kunden.

Tip:
Schauen Sie Ihren Gesprächspartner immer offen an. Bei eigenen Aussagen können Sie Ihren Blickkontakt variieren. Bei den Aussagen des Kunden ihn immer anschauen.

3. «Überfahre» ich meine Kunden durch Schnellsprechen?

Wirkung:
Sie machen den Kunden nervös! Er hat das Gefühl, daß Sie schnell Ihre Argumente loswerden wollen. Auch scheuen Sie – nach seiner Meinung – Fragen.

Tip:
Sprechen Sie betont langsam und möglichst etwas tiefer. Stellen Sie Fragen, und geben Sie dann dem Kunden die Chance zum Dialog.

4. Vergesse ich die «Pausentechnik»?

Wirkung:
Wie dem «Schnellsprecher»: (Fehler Nr. 3) fehlt hier die persönliche Beziehung zum Kunden. Er fühlt sich zum Statisten abgestempelt.

Tip:
Machen Sie mehr Pausen nach Ihren Ausführungen. Die Pause ist eine der schärfsten «Waffen» im Verkaufsgespräch. Sie können

selbst wortkarge Kunden zum Sprechen bringen, wenn Sie plötzlich eine Pause einlegen. Lernen Sie wieder, dem Kunden zuzuhören. Jeder hört sich selbst auf jeden Fall lieber sprechen als sein Gegenüber!

5. Baue ich meine Verkaufsargumente unlogisch auf?

Wirkung:
Der Kunde wird beim unlogischen und nicht sachgerechten Aufbau vom eigentlichen Verkaufsgespräch abgelenkt. Das Verkaufsgespräch dauert länger und wird längst nicht so effektiv sein.

Tip:
Beachten Sie die Reihenfolge der Argumente im Verkaufsgespräch. Wenn Sie Verkaufsargumente für den Kunden haben und 1 – nach Ihrer Meinung – das stärkste und 5 von der Tendenz her das schwächste ist, so empfiehlt sich folgende Reihenfolge:
2 5 4 3 1.

Allgemein formuliert: Am Beginn und am Ende Ihrer Argumentationskette sollte immer ein möglichst starkes Argument stehen.

6. Setze ich den Bleistift (pencil selling) als Verkaufshilfe zuwenig ein?

Wirkung:
Sie verlieren gegenüber den Mitbewerbern, die vielleicht das «Verkaufen mit dem Bleistift» einsetzen.

Tip:
Arbeiten Sie mit Papier und Schreibstift. Die Gedächtnishaftung für den Kunden ist mehr als doppelt so hoch. Setzen Sie Symbole und Grafiken ein. Schreiben Sie zum Beispiel positive Zahlen größer als negative!

7. Spreche ich sehr oft von mir und meinem Unternehmen?

Wirkung:
Der Kunde ist desinteressiert und wird eventuell eine frühzeitige Beendigung des Gespräches herbeiführen.

Tip:
Nicht was ich (der Verkäufer) noch was wir (das Unternehmen) leisten, ist für den Kunden wichtig, sondern nur, was SIE (Herr Kunde) erhalten, ist von Bedeutung:
Ich → Wir → SIE-Standpunkt.

In Zukunft heißt es dann nicht mehr in Ihrem Verkaufsgespräch:
«*Ich* kann Ihnen zeigen ...», sondern:
«*Sie* können sich davon überzeugen ...»

Nicht mein Produktprogramm ist für den Kunden interessant, sondern meine Problemlösungen bzw. seine Gewinnmöglichkeiten.

8. Habe ich einen zu kleinen Wortschatz?

Wirkung:
Sie wiederholen immer die gleichen Wörter und tragen damit nicht gerade zur Belebung des Verkaufsgespräches bei. Was machen Sie nur, wenn der Kunde ebenfalls einen sehr kleinen Wortschatz besitzt? Sitzen Sie sich dann «sprachlos» gegenüber?

Tip:
Aktivieren Sie Ihren Wortschatz. Der Verkäufer hat einen persönlichen Wortschatz zwischen 1 000 und 4 000 Wörtern. Beachten Sie die Bandbreite! Aus welchen Gründen wollen Sie nicht näher an der 4 000-Wörter-Grenze liegen? Lesen Sie viel, und beteiligen Sie sich an Diskussionen. Ersetzen Sie – ein unterhaltsames Spiel – ein bestimmtes Tätigkeitswort (z. B. «verkaufen») durch andere Tätigkeitswörter mit gleichem Sinn.

Versuchen Sie auch, bildhaft zu sprechen: «Ein Bild ist besser als 1 000 Worte.»

9. Formuliere ich zu viele Nebensätze?

Wirkung:
Der Kunde wird überfordert. Er besitzt meist nicht die Kenntnisse von Ihren Produkten wie Sie selbst. Bei sehr vielen Nebensätzen geht der wertvollere Inhalt verloren. Sie haben vielleicht gerade in einem Nebensatz ein entscheidendes Argument gebracht!

Tip:
Nebensätze bleiben Neben-Sätze und sehr oft Nebelsätze. Deshalb: Formulieren Sie kurze Hauptsätze. Der Kunde wird es Ihnen in jeder Form danken.

10. Sitze bzw. stehe ich oft steif herum?

Wirkung:
Sie strahlen keine Überzeugungskraft aus. Wenn jedoch noch nicht einmal Sie überzeugend wirken, wie soll der arme Kunde von Ihrem Produkt überzeugt sein!

Tip:
Setzen Sie gekonnt Gestik ein. Wir unterscheiden drei Körperbereiche:
den unteren *negativen* Körperbereich = unterhalb der Gürtellinie
den mittleren *neutralen* Körperbereich = zwischen Gürtellinie und Brusthöhe
den oberen *positiven* Körperbereich = ab Brusthöhe

Das gleiche gilt für die Hände:
Handfläche nach oben = positive Aussage,
Handfläche senkrecht = neutrale Aussage,
Handfläche nach unten = negative Aussage.

11. Bin ich bei Einwänden des Kunden häufig «sprachlos»?

Wirkung:
Sie geben dem Kunden ein (unnötiges) Überlegenheitsgefühl, das sich bestimmt negativ im Verlauf des Verkaufsgespräches auswirken wird.

Tip:
Nutzen Sie die Methoden der Preisargumentation und der allgemeinen Einwandargumentation (6). Mehr als 20 Methoden bieten sich an. – Eine der Methoden läßt sich (fast) immer anwenden.

12. Bin ich ein Minusmann?

Wirkung:
Das Verkaufsgespräch läuft unter ungünstigen Vorbedingungen! Wenn Ihre Einstellung negativ ist, so wird das auf den Kunden ausstrahlen. Das Ergebnis ist ähnlich wie bei einem Vortrag, wo Sie der Zuhörerkreis ablehnt. Glauben Sie, daß Ihr Vortrag trotz hervorragenden Inhalts erfolgreich verläuft?

Tip:
Wer mit Begeisterung lächelt, kann innerlich nicht traurig sein. Bringen Sie eine positive Grundeinstellung mit. Nicht umsonst müssen beim Telefonverkauf in einem Großunternehmen in den USA alle Verkäufer erst einmal in einen Spiegel schauen und lächeln – bevor sie zum Hörer greifen.

13. Suche ich nach meinen Arbeits- und Hilfsmitteln?

Wirkung:
Wie schlecht mögen erst die Produkte sein, wenn der Verkäufer noch nicht einmal sein Arbeitsmaterial griffbereit hat. Wie kann es mit der Lieferzeit klappen, wenn der Verkäufer für einige Minuten in seiner Aktentasche «verschwindet», um dann «entsprechendes» Prospektmaterial (Marke «Butterbrotpapier») zum Vorschein zu bringen; Gedanken, die bestimmt jedem Kunden durch den Kopf schießen.

Tip:
Arbeitsunterlagen immer griffbereit in Klarsichthüllen. Achtung jedoch beim Verteilen von Prospektmaterial. Wieviel Einkäufer nutzen die Gelegenheit und fordern die Prospekte gerade dann, wenn sie an dem Verkaufsgespräch nicht mehr interessiert sind. Deshalb: Prospekte möglichst gegen Ende des Gespräches verteilen.

14. Komme ich zum Schluß, wenn die Zeit reif ist, oder zerrede ich den Kaufabschluß?

Wirkung:
Der Kunde fühlt sich mißhandelt! Sie stehlen ihm seine (teure) und

Ihre eigene (auch nicht gerade billige) Zeit. Verärgerung kann den möglichen Abschluß verhindern.

Tip:

a) Nutzen Sie die Regeln des Verkaufsgespräches. Jedes Gespräch – ob Stammkunde oder potentieller Kunde – hat vier Phasen:

- ☐ Eröffnungsphase,
- ☐ Vertrauensphase,
- ☐ Fachphase,
- ☐ Abschlußphase.

Nur die Dauer der Phasen unterscheidet sich bei den einzelnen Kunden. Kontrollieren Sie sich laufend im Verkaufsgespräch: In welcher Phase befindet sich der Kunde?

b) Beschäftigen Sie sich mit der Körpersprache! Der Körper lügt nicht! Es gibt körpersprachliche Aussagen, die einen Abschluß (oder nur das Ende?) des Verkaufsgespräches signalisieren.

15. Reagiere ich negativ auf kritische Stellungnahmen?

Wirkung:
Wenn dies der Fall ist – und überprüfen Sie sich bitte genau –, so können Sie erst einmal alle 14 zuvor genannten Punkte dieser Checkliste außer acht lassen. Sie werden im Verkaufsgespräch kaum weiterkommen.

Tip:
Arbeiten Sie an sich! Jeder Mensch kann noch dazulernen. Keiner sollte sagen: Nehmt mich so, wie ich bin. Denn wer nicht mit der Zeit geht, geht mit der Zeit!

Fazit:

Einige der dargestellten Punkte treffen sicher auch auf Sie zu. Prüfen Sie selbstkritisch, denn Selbsterkenntnis ist der erste Weg zur Besserung.

---

12 Regeln der Reklamationserledigung

Chancen für jeden Verkäufer

Viele Verkäufer haben Angst vor einem Reklamationsgespräch. Sie reagieren dann abweisend und unfreundlich, mit dem Ergebnis, daß das Unternehmen wieder einen Kunden verloren hat. Dabei liegt gerade in der Reklamation auch eine Chance.

Wir beginnen mit einem fiktiven Gespräch:

□ Verkaufsleiter zum Verkäufer:
«Herr Rill, wie haben Sie die Reklamation des Kunden erledigt?»
Verkäufer:
«Hervorragend – der Kunde wird *nie wieder* reklamieren.»

Könnte es sein, daß dieses Gespräch auch in Ihrem Unternehmen stattgefunden hat? Könnte es sein, daß Sie nach manchem Reklamationsgespräch mit Ihrem eigenen Erfolg nicht zufrieden waren? Überprüfen Sie doch einmal: Wie viele Reklamationen waren der Beginn einer neuen fruchtbaren Zusammenarbeit? Wenn Sie in mehr als 3 von 10 Fällen «verloren» haben, so lesen Sie die nachfolgenden Regeln besonders intensiv. Vielleicht haben Sie 2 oder 3 Punkte außer acht gelassen und so den Verlauf der Reklamation – negativ – beeinflußt.

Welche Absichten verbinde ich mit einer erfolgreichen Reklamationserledigung:

Die «5 Ich-Grundsätze der Reklamation»

1. *Ich* will den Kunden behalten.
2. *Ich* will, daß der Kunde für mich ein Multiplikator wird und mir neue Kunden zuführt.
3. *Ich* will, daß das Image unseres Unternehmens erhalten bleibt.
4. *Ich* muß abwägen, inwieweit Aufwand und Ertrag bei der Reklamationserledigung für mein Unternehmen im richtigen

Verhältnis stehen. Wie kann ich also die Kosten möglichst gering halten?
5. *Ich* bin bereit, aus Fehlern, die ich bzw. mein Unternehmen gemacht haben, zu lernen.

Obwohl das Reklamationsgespräch besonders schwierig ist, da eine positive Grundeinstellung des Kunden fehlt, ergeben sich hier sehr oft gute Möglichkeiten, die Grundlagen für neue Geschäftsbeziehungen zu schaffen.

Vorab ist grundsätzlich zu prüfen, inwieweit es sich um eine berechtigte oder unberechtigte Reklamation handelt. Die unberechtigte Reklamation ist mit einem größeren Maß an Überzeugungskraft und Einfühlungsvermögen für den Verkäufer verbunden, da der Kunde glaubt, von seiner Seite aus im Recht zu sein.

Der Verkäufer muß – unter Abwägung der noch möglichen zukünftigen Geschäfte – auch einmal hart bleiben, wenn der Gesprächspartner sich allen Überlegungen widersetzt. Bitte überprüfen Sie jedoch genau, was Sie unter «vernünftigen Überlegungen» verstehen.

Marketing – und letztlich «Verkaufen» – heißt, «die Welt von seiten des Kunden zu sehen» (PETER F. DRUCKER). Setzen Sie also auf jeden Fall erst einmal die Brille des Kunden auf, bevor Sie sich zu einer Entscheidung durchringen, die letztlich zum Abbruch der Geschäftsbeziehungen führen kann. Selbst wenn der Fehler offensichtlich beim Kunden liegt, sollten Sie andere Wege (zum Beispiel Regel 8 – Fragetechnik – s. unten) gehen, als den Kunden direkt darauf hinzuweisen. Nachfolgend 12 Regeln, die bei einer Reklamation zu beachten sind:

Regel 1: Können Sie zuhören?

Der erfolgreiche Vollblutverkäufer kann alles ... nur nicht zuhören. Eine der wichtigsten Erkenntnisse. Wir leihen unserem Gesprächspartner gern die Zunge, aber nicht die Ohren! Wir haben jedoch nur *eine* Zunge, aber zwei Ohren ... Geben Sie dem Kunden die Chance, Luft abzulassen, und unterbrechen Sie ihn nie. («Vergessen

Sie mal Ihre Rede nicht, ich habe folgendes hierzu zu sagen ...» – eine typische Formulierung eines Verkäufers bei einem Reklamationsseminar.)

Regel 2: Haben Sie eine positive innere Einstellung?

Wenn Sie schon mit der Einstellung zum Kunden kommen, daß er Sie übertölpeln will, haben Sie keine Chance. Geben Sie dem Kunden die Möglichkeit, seine – nach seiner Meinung – wohldurchdachten Argumente an den Mann zu bringen.

Regel 3: Ist Ihre Körperhaltung positiv?

Bringen Sie nicht durch Ihre Körperhaltung zum Ausdruck, was Sie von der Reklamation Ihres Kunden halten. Verschränken Sie nicht die Arme vor der Brust, und lehnen Sie sich nicht zurück. Nach der Körpersprache sind dies typisch abwartende, ablehnende Aussagen!

Regel 4: Schreiben Sie viel?

Wenn wir im Verkaufsgespräch schon vom «pencil-selling» (Verkaufen mit dem Bleistift) sprechen, so hat sich diese Regel insbesondere im Reklamationsgespräch sehr bewährt. Zeigen Sie doch dem Gesprächspartner, wie sehr Sie an seinen Ausführungen interessiert sind.

Regel 5: Denken Sie positiv?

Alles, was Sie negativ (–) ausdrücken können, läßt sich dem Kunden auch positiv (+) sagen. Gerade bei einer Reklamation sind wir leichter erregt und kontrollieren uns zu wenig.

Statt: «Herr Kunde, da haben Sie mich falsch verstanden ...» (–)
besser: «Herr Kunde, da habe ich mich falsch ausgedrückt ...» (+)
Statt: «Herr Kunde, folgender Einwand zu Ihrer Reparaturabwicklung ...»
besser: «Herr Kunde, folgende Frage zu Ihrer Reparaturabwicklung ...»

Ersetzen Sie möglichst die Wörter «Reklamation» oder «Beanstandung». Wenn sich das Wort jedoch nicht vermeiden läßt, so verwenden Sie den Zusatz «berechtigt».

Regel 6: Formulieren Sie (besonders) kurz und präzise?

Diese Regel gilt auch für das Verkaufsgespräch, doch sind langatmige Ausführungen bei einem Reklamationsgespräch besonders gefährlich! Sie verwickeln sich leichter in Widersprüche, und der Kunde hat das Gefühl, daß Sie ihm nicht genug Aufmerksamkeit widmen. Nur wer sich bestätigt fühlt, wird Ihre Produkte letztlich wieder kaufen.

Regel 7: Stellen Sie öfters Fragen

Wer fragt, der führt – der gewinnt. Eine geschickte Fragetechnik baut Aggressionen ab und hilft, den Gesprächspartner in eine bestimmte Richtung zu lenken. Ein alter Grundsatz im Verkauf – wie bei der Reklamationsbehandlung:

> Feststellungen, Behauptungen und Belehrungen möglichst durch Fragen ersetzen.

Regel 8: Überprüfen Sie selbst die Behauptung Ihres Kunden?

Geben Sie dem Kunden das Gefühl, daß er für Sie ganz *besonders wichtig ist: Versprechen Sie – und halten* Sie es auch –, daß Sie sich persönlich um die Angelegenheit kümmern werden. Der Kunde wird es Ihnen danken.

Regel 9: Identifizieren Sie sich mit Ihrem Unternehmen?

Auch Sie repräsentieren ein Unternehmen, das einen Ruf zu verlieren hat. Deshalb müssen Sie beide Seiten – die des Kunden und die des eigenen Unternehmens – gegeneinander abwägen. Denken Sie daran, daß bestimmte Reklamationen nur ein Vorwand sind, um einen höheren Rabattsatz auszuhandeln!

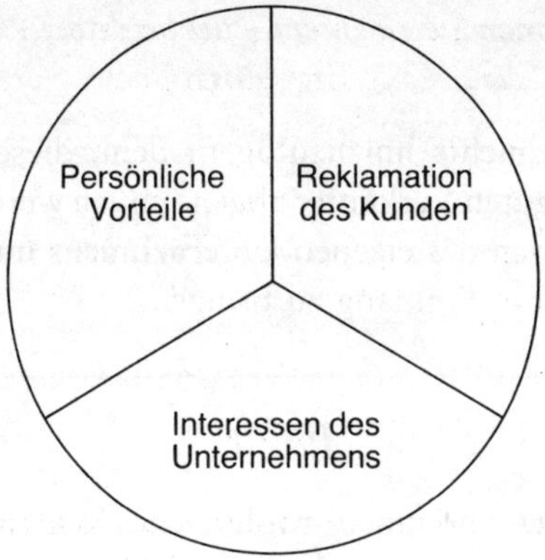

Bild 4.3 Die 3 Konfliktbereiche des Verkäufers

Regel 10: Sprechen Sie von Dank und Entschuldigung?

Bauen Sie in Ihr Reklamationsgespräch – wenn möglich – öfters einen Dank oder auch eine Entschuldigung ein. Sie werden verblüfft sein, wie schnell die negative Grundeinstellung des Kunden verfliegt.

Regel 11: Betonen Sie die Einmaligkeit dieser Reklamation?

Sie müssen den Kunden davon überzeugen, daß es sich um einen Ausrutscher bzw. Fehler handelt. Ihr Bestreben muß es sein, dem Kunden klarzumachen, daß es sich um eine große Ausnahme handelt, die normalerweise nicht passiert: Etwaige Sätze wie:

> «Der Kunde in Fulda hat diese Sache nicht so tragisch genommen ...»

oder:

> «Diesen Fall haben tagtäglich ...»

sind der Anfang vom Ende jedes Reklamationsgespräches. Wichtig ist natürlich auch, Ihr Unternehmen über etwaige laufend auftauchende Mängel zu informieren.

Regel 12: Kommen Sie zu einem – für beide Seiten – akzeptablen Ergebnis?

Diesem Satz ist nichts hinzuzufügen; denn diese Aufgabe kann keinem noch so guten Verkäufer abgenommen werden: persönliche Vorteile, Interessen des eigenen Unternehmens und die Reklamation des Kunden in Einklang zu bringen.

Fazit:

Alle 12 Richtlinien sind für ein erfolgreiches Reklamationsgespräch wichtig. Überprüfen Sie einmal selbst, ob Sie diese 12 Regeln bisher eingehalten haben. Nur 1 oder 2 Punkte zusätzlich beachtet: dies kann der Beginn einer neuen Zusammenarbeit sein.

Verkauf am Telefon

18 Stufen für das erfolgreiche Telefongespräch

1. Bereiten Sie sich besonders gründlich vor

Beachten Sie immer, daß Ihnen nur Ihre Stimme – also weder Gestik, Blickkontakt, Prospektmaterial usw. – zur Verfügung steht. Auch die zur Verfügung stehende Zeit ist in der Regel begrenzter als in einem persönlichen Gespräch. Haben Sie ihre Kundenkartei zur Hand?

2. Überlegen Sie sich den günstigsten Anruftermin

Kurz nach Bürobeginn und kurz vor Büroschluß sind zum Beispiel denkbar ungünstig. Versuchen Sie akzeptable Anrufzeiten aufgrund Ihrer eigenen Praxis herauszufinden. Führen Sie Strichlisten, um besonders günstige Anrufzeiten zu erreichen.

3. Denken Sie das gesamte Telefongespräch vorher durch

Trainieren Sie Ihre Gespräche vorab. Lassen Sie sich von einem Gesprächspartner kontrollieren. Stellen Sie sich auf alle Fragen ein, und üben Sie die Methoden der Einwand- und Preisargumentation.

4. Lächeln Sie, bevor Sie zum Hörer greifen

Nur ein fröhlicher Mensch kann letztlich langfristig entsprechende Verkaufserfolge erzielen. Nicht umsonst lächeln in einem amerikanischen Kosmetikkonzern alle Telefonverkäufer in einen Spiegel, bevor sie zum Telefonhörer greifen!

5. Prüfen Sie vorher genau den Namen und etwaige Titel des Gesprächspartners

Nichts klingt für den Kunden schöner als der Klang des eigenen Namens. Wenn Sie den Namen falsch aussprechen, so ist der erste Schritt zum (Verkaufs-)Mißerfolg schon getan.

6. Begrüßen Sie den Kunden mit der entsprechenden Tageszeit

Viele Kunden legen (auch heute noch!) größten Wert auf Höflichkeit. Vergessen Sie deshalb – trotz des vorhandenen Zeitdrucks – nicht diese Anstandsregel. «Guten Tag» oder eine andere passende Begrüßung sollten Sie immer auf den Lippen haben.

7. Stellen Sie sich vor

Nennen Sie unbedingt Ihren Namen, und zeigen Sie möglichst Ihre Qualifikation auf. Der Gesprächspartner will sehr oft ganz genau wissen, warum gerade Sie ihn während seiner – bestimmt wichtigen – Arbeit sprechen möchten.

8. Schließen Sie sofort einen Nutzen für den Kunden an

Wichtig ist, daß Sie hier dem Kunden sofort eine Problemlösung anbieten können und dadurch sein Interesse wecken können. *Der Einstieg muß stimmen.*

9. Geben Sie dem Partner jetzt eine Chance zu antworten

Nach 5 bis 7 Sätzen wird der Gesprächspartner unruhig, wenn er nicht mitreden darf. Geben Sie jetzt auch seinen Argumenten eine Chance.

10. Wählen Sie immer den Sie-Standpunkt

Der Kunde muß wissen, daß er im Vordergrund Ihrer Bemühungen steht.

> *Merke:*
>
> Nicht was ich (der Verkäufer) will, noch was wir (unser Unternehmen) können,
> sondern was SIE (als Kunde) erzielen und schaffen wollen, zählt für mich.

11. Sprechen Sie etwas schneller

Bedingt durch wissenschaftlich untermauerte Versuche, wurde festgestellt:

Die Glaubwürdigkeit einer Rede steigt mit verstärkter Redegeschwindigkeit. Bitte überziehen Sie jedoch nicht.

12. Sprechen Sie etwas tiefer

Auch eine dunkle Stimme verleiht mehr Glaubwürdigkeit und strömt mehr Vertrauen aus. Achtung jedoch vor der zu tiefen Stimme: Sie wirkt väterlich und manchmal einschläfernd.

13. Machen Sie einen persönlichen Gesprächstermin aus

Bei besonders hartnäckigen und gleichzeitig besonders wichtigen Kunden versuchen Sie, einen Gesprächstermin zu erhalten. Wer erst einmal den Fuß in der Tür hat, ist dem (Verkaufs-)Erfolg schon ein ganzes Stück näher gekommen.

14. Setzen Sie die Fragetechnik ein

Wählen Sie jedoch im Gegensatz zum persönlichen Verkaufsgespräch öfters die geschlossene Frageform. Beginnen Sie Ihre Frage also mit einem Verb («Stimmen Sie mit mir hier überein?») oder Hilfsverb («Haben Sie noch Fragen?»).

Sie schafft Übereinstimmung, ohne daß viel von Ihrer Zeit verlorengeht.

Ausnahmsweise sind im Telefonverkauf auch rhetorische Fragen möglich: «Nun Herr Kunde, was bietet Ihnen unser Produkt? Es hilft Ihnen ...»

15. Kündigen Sie einen weiteren Anruf an

Wenn Sie merken, daß es heute nicht klappt, so resignieren Sie nicht. Bevor es zum endgültigen «Nein» des Kunden kommt, sagen Sie ihm, er möchte es sich noch einmal überlegen. Wer sagt Ihnen denn, daß er seine Meinung nicht noch einmal überdenkt? Ist nicht oft die schlechte Laune eines Geschäftspartners entscheidend für einen nicht getätigten Geschäftsabschluß? Tröstlich ist, daß auch die schlechte Stimmung immer wieder zum Positiven umschlägt.

16. Kommen Sie zum Schluß, wenn die Zeit reif ist

Auch hier wird sehr oft ein möglicher Abschluß zerredet. Stellen Sie durch Kontrollfragen fest, wie weit Sie die Kaufentscheidung schon beeinflussen konnten.

17. Danken Sie für das Gespräch und den Auftrag!

Betrachten Sie den Auftrag nicht als Selbstverständlichkeit, und zeigen Sie dies dem Kunden auch am Telefon.

18. Machen Sie sich sofort Notizen, was dieses Gespräch Ihnen gebracht hat

Überlegen Sie, was Sie daraus für das nächste Gespräch verwenden können.

Fazit:

Bevor Sie erneut zum Hörer greifen, beginnen Sie wieder die Stufen 1 ff. zu durchlaufen. Sie werden sehr schnell feststellen, wie die 18 Grundregeln in Fleisch und Blut übergehen. Der Erfolg per Telefon wird sich bestimmt einstellen.

Literaturverzeichnis

J. Biedlingmeier: Marketing in der Reihe Studium rororo, Band 1, 2, 470 Seiten.

Peter M. Cristofolini: Verkaufsförderung in der Praxis, Econ-Verlag, Düsseldorf/Wien, 360 Seiten

F. W. Girschner: Taschenbuch für Öffentlichkeitsarbeit, Sauer-Verlag, Heidelberg.

G. F. Heuer: Elemente der Werbeplanung, Westdeutscher Verlag, Köln-Opladen.

M. Hüttner: Grundzüge der Marktforschung, Betriebswirtschaftlicher Verlag Dr. Th. Gabler, Wiesbaden.

Hans Kellerer: Statistik im modernen Wirtschafts- und Sozialleben, Verlag Rowohlt (Taschenbuch), Reinbek.

Stephen Morse: Marketingmanagement für den Praktiker Nr. 1356.

Albert Oeckl: Handbuch der Public Relations, Süddeutscher Verlag, München.

Bernt Spiegel: Die Struktur der Meinungsverteilung im sozialen Feld, Verlag Hans Huber, Bern und Stuttgart

von Stritzky: Neue Produkte – Abenteuer oder System, Taylorix-Verlag, Stuttgart.

H. W. Wachtel: Marktgerechte Produktgestaltung, Management-Script-Reihe, Deutscher Betriebswirte-Verlag Gernsbach.

Stichwortverzeichnis